NHKスペシャル取材班

百寿者の健康の秘密がわかった

人生100年の習慣

講談社

はじめに
――氾濫する情報に惑わされず、人生100年を豊かに生きるカギは、健康長寿のセンテナリアンの中にあった

かつては「100まで生きる」ということは、多くの人にとって非常に価値あることだったと思いますが、今は少し違う気がします。「100まで〝健康〟で生きる」ことが重要。最新の人口推計では、日本で90歳以上の人が史上初めて200万人を突破し、100歳以上の高齢者は6万7000人あまりと過去最多、今後も増え続けていく見込みです。医療技術の進歩や豊かな食生活によって「100まで生きる」は当たり前の時代になりつつある。生きる長さだけではなく、質を重視する時代が到来しているのです。

実際に世界では今、心身ともに健康で現役バリバリの驚くべき100歳以上の高齢者が増えています。「それって遺伝でしょ?」とか「そういう家系なのでは」と思いがちですが、そうとは限らないことがわかってきました。条件次第で誰でも〝健康長寿〟を実現で

きる可能性があることが最新の科学で明らかになりつつあるのです。

なぜセンテナリアンは「亡くなる直前まで元気」なのか

私がこのテーマに関心を持ったのは、2013年10月に放送した、NHKの「クローズアップ現代」がきっかけです。

驚異の身体能力を持つ世界中のスーパー高齢者が集う競技大会・ゴールドマスターズが日本で開催されるのを機に、日本人で陸上100メートルの世界記録を持つ103歳のおじいさんや、〝八代《やつしろ》（熊本）のウサイン・ボルト〟の異名をとる90歳の俊足おばあさんなど、シニア界の強者たちがしのぎを削る姿を記録し、そのパワーと健康の秘密に迫ろうという企画でした。

昨今、桐生祥秀《きりゅうよしひで》選手が日本人初の100メートル9秒台を記録するなど、陸上競技での日本人アスリートの活躍もめざましくなりましたが、まだまだ世界の壁は厚く、メダルをとるのは決して容易ではありません。しかし、このゴールドマスターズ、〝高齢者たちの闘い〟においては事情がまったく異なります。日本人選手の中には金メダル候補どころか、世界記録保持者があまるほどいたのです。

なぜ日本の高齢者は、世界を相手に大活躍できるのか？　暮らしや食事に世界を圧倒する秘密が隠されているのか？　出場者たちへの取材がスタートしました。

競技会までの日々に密着させていただいた90歳の俊足おばあさんは、朝食では新鮮な生卵を丸呑みし、ご飯とたくあん、ボウル一杯のキャベツと豚肉6枚をペロリ。さらに、そのわずか3時間後の昼食にはうなぎをがっつり。走るための筋肉を維持するために、たんぱく質とビタミンをたっぷりとるとのこと。

練習では、地元の子どもたちを相手に走り込みを重ね、迎えた競技会で見事10年間破られていなかったスウェーデン選手が持つ１００メートルの世界記録を「１００分の3秒」更新したのでした。私たちは予想をはるかに上回る結果に絶句……。同時に、なぜこんな強健な高齢者が誕生するのか、巨大な謎への探求心が芽生えたのでした。

今や世の中は健康ブームを通り越し、ペットまでがサプリメントを飲む時代です。ありとあらゆる食事療法、ダイエット術、健康器具が氾濫し、すさまじい数の人たちが実践していています。しかしその実践の先に本当に健康長寿が実現したのかどうか、ほとんどが検証されないまま、とめどなく不確実な情報があふれてきます。

もし「確かなこと」を世界の知恵として共有することができれば、人類は次のステージに進むことができるのではないか——。100メートルを快足で駆け抜けたおばあさんの姿からすべてが始まりました。

この番組の取材で出会ったのが100歳を超えた人を指す「センテナリアン」という言葉。

一世紀（センチュリー）を生きた人という意味で、110歳を超えるとスーパー・センテナリアンと呼ばれています。

琴線に触れるかっこいい響きに惹《ひ》かれ、いろいろ調べるうちに、こうした人たちにはさまざまな共通点が指摘されていることも浮かび上がってきました。「糖尿病の人の割合が少ない」とか、「亡くなる直前まで元気だった」などです。

取材の中で、私はある女性の存在に興味を持ちました。ジャンヌ・カルマンというフランスの女性で、世界で唯一120歳を超えた人物です。お父さんの画材店で働いていたときに、絵の具を買いにきたゴッホに会ったこともあるという逸話が残っています。

カルマンさんの経歴がすごい。フェンシングをなんと85歳でスタート。自転車は100歳まで乗っていたと言います。その一方で、117歳で禁煙するまで100年近くたばこを吸っていたとのことで、いったい何が彼女の長寿を支えたのか?

遺伝子レベルでも判明――双子への追跡調査

もうひとつ気になるキーワードに出会いました。「ブルーゾーン」という言葉です。世界にはほかの地域と比べて長寿の人が局所的に集中するエリアが存在し、こう呼ばれていました。日本で言えば沖縄県や長野県のようなエリアです。

かつては長寿を決めるのは遺伝要因で、「健康で長生きの人は、そういう家系だから」という〝諦め〟も多かったと思います。ところが最新の老年医学研究では、長寿を決定しているのはそれだけではないという分析結果が次々と報告されています。つまり「環境」を意識的に整えていくことで、誰でも健康長寿を実現できるのではないかという仮説が現実味を帯び始めているのです。

ブルーゾーンやセンテナリアンには、何か特別な条件がそろい、長寿に影響を与えているのではないか。こうした突出した地域や高齢者を詳細に解析することで、条件の一端をみいだすことができれば、「健康で生ききる」という人間の理想に近づくようすがみつかるのではないか。そうした研究が世界各地で進められています。

今回のNHKスペシャル「あなたもなれる〝健康長寿〟徹底解明100歳の世界」では、ディレクターの取材で、とても関心をいだいたことが、最新の双子の研究です。遺伝子が同じ双子は、健康状態や寿命も同じなのかという疑問から、膨大な数の双子を亡くなるまで追跡調査するという、気の遠くなるような研究。その成果が近年出始め、どうやら寿命を決めているのは遺伝子だけではないということが、明確になってきているというのです。

多くの双子が、まったく異なる趣味や食生活、仕事、好みや性格の違いなどによって、見た目も寿命も大きく変わってくるという調査結果を番組の中でも紹介しました。かかわりが指摘されているのが「慢性炎症」です。この体内の炎症については、今後、健康を語るうえで、あらゆる場面でメインテーマになっていくと思われます。

2015年に放送したNHKスペシャル「老衰死～穏やかな最期を迎えるには～」でも着目しましたが、緩やかな死である老衰死が、無数の「慢性炎症」によって誘われていくものだとすると、逆に、これを極力抑えていく方法があれば……。それはすなわち、健康長寿へとつながる道なのではないかとも考えられました。

もうひとつ明らかになったのが、毛細血管の流れ「微小循環（microcirculation）」のメカニズムです。このデータに注目した研究によって、昔の人たちが「運動がよい」と経験則上語ってきたことのひとつひとつが、科学的根拠とともに確認されつつあるというのです。

さらに、その地域で健康によいとされる食べ物と長寿の傾向が、必ずしも、ほかの地域の人にとって有意に働くわけではないということもわかってきています。日本人にとってよい食事が、イギリス人にとってもよいとは限らない。地域に最適な食生活と食事は、人種やエリアごとに体内に抱えている腸内細菌の違いからくるものではないかという調査も進められています。

１０５歳の日野原先生が語った健康な体と心の秘密

体だけでなく、長寿者の精神の秘密を解き明かそうという動きもあります。

病は気からと言いますが、心の持ちようや行動が遺伝子の働きにまで影響を与え、それが先ほどの「慢性炎症」とも深いかかわりがあるという驚くべき分析結果も示されています。

そして高齢者が、あまり外出ができなくなったり、施設での暮らしで寂しそうにみえていたりしても、周囲が考える以上に「豊か」な精神状態ですごしているという研究も。こうした現象は「老年的超越」と呼ばれ、メカニズムの解明が急がれています。孤独で不幸そうにみえる年老いた人が、実はより豊かな心で人生の終盤を歩んでいるという現実があることを知らされたとき、とても勇気づけられる気がしました。

２０１６年、１０５歳を迎えられた聖路加国際病院の名誉院長、日野原重明先生が番組の趣旨に賛同してくださり、ご出演までしてくださいました。日野原先生は、本当にお元気で、番組用に作ったスタジオのセットに歩いて入られました。

私たちは健康長寿の秘訣を聞き漏らさないよう、先生の一言一句に耳を凝らしました。番組の最後に語られたのは、

「新しいことを創《はじ》める思いがある限り、人はいつまでも若くいることができる」

という言葉。宗教哲学者マルティン・ブーバーが残したこの言葉は、先生が到達した真理なのだと感じました。２０２０年の東京オリンピックで聖火ランナーを務めたいと笑顔で語り、スタジオを去った日野原先生でしたが、１年後の２０１７年、その生涯を閉じられました。

この本には、世界中を駆けめぐり、各国のセンテナリアン、世界屈指の長寿者たちを取

材して集めた情報、老年医学の最前線の研究について、番組の中で紹介しきれなかった健康長寿のヒントがちりばめられています。

番組のために協力してくださった、世界の研究者の方々。世界各地で健康長寿を実現し、人生を謳歌するセンテナリアンたち。そして医師として数々の生と死をみつめ、現代を生きる私たちにかけがえのないメッセージを残してくださった日野原先生。この場を借りて心からお礼を申し上げます。

この本が、人生の終盤を、体も、そして心も豊かに生きるヒントになればと願います。氾濫する情報の中で確かなものとは何か。それは実際に健康長寿を達成した「センテナリアン」たちの中にあるはずです。

２０１７年12月

ＮＨＫ報道番組センター　プロデューサー　松本卓臣

百寿者の健康の秘密がわかった

人生100年の習慣

目次

第1章
健康長寿を手にするカギ
老化の原因「慢性炎症」とは何か

第2章

＊

老化を防ぐ「食事」

長寿食で腸内フローラが変わる

第3章

※

老化を防ぐ「運動」

「微小循環」が認知症や介護リスクを下げる

第4章

寿命は遺伝か環境か

双子の研究で証明された環境の影響

第5章

老化を防ぐ「心の持ちよう」

「健康長寿は気から」を最新科学が証明

＊本書に登場する人物の年齢、肩書などは取材当時のものです。

本書はＮＨＫスペシャル「あなたもなれる〝健康長寿〟徹底解明１００歳の世界」を書籍化したものです。

百寿者の健康の秘密がわかった

人生100年の習慣

プロローグ

NHK大型企画開発センター　ディレクター　小笠原卓哉

「あなたは長生きしたいですか？」

そう聞かれたら、みなさんはどのように答えますか。

素直に「長生きしたい」と答える人は意外と少なく、「寝たきりになってまで長生きなんかしたくない」「ピンピンコロリがいい」……そのように言う人が多いのではないでしょうか。私の周囲にいる人たちの反応はまさにこのとおりでしたし、かく言う私も、そのひとりでした。

体力が衰えて介護が必要になり、認知症が進めば家族に迷惑をかけてしまう、そうまでして長生きなどしたくない、そう思っていました。同じように考える人が多いとすれば、そこにはふたつの背景があるように思います。

①私たち日本人にとって、長生きはもはや「前提」となっている。
②寿命の「長さ」よりも、生活の「質」を重視するようになっている。

「そうまでして長生きしたくない」と言う人でも、自分が40代や50代で亡くなるとは思っていないのではないでしょうか。平均的に、人並み程度には生きるだろう、それを前提にしたうえで、冒頭の問いについて考えている人が大半だと思います。

では、この「平均」「人並み」とは、どの程度のことを指すのでしょうか。日本人の平均寿命は、男性で80・98年、女性で87・14年（平成28年）。周りと比べて長生きしなくても、すでに十分といっていいほど長生きするのが、現代の日本人なのです。

何か特別なことをしなくても長生きができる、それが前提になった場合、自然に生まれてくるのが、「いかに健康でいられるか」という、生活の質への欲求です。

自分が行きたいところへ行き、やりたいことをする、食べたいものを食べる、そうしたことができなくなるのであれば、単に長生きしても意味がないし、そんな長生きはかえって不幸せだろう、「健康でなければ楽しくない」、私はそう考えてきました。「長寿と健康は両立しない」、そんな思いが自分の中にあったのです。

ところが、この取材を進めていくと、こうした固定観念が覆される場面に何度も出くわすことになりました。100歳を超えても、元気に仕事に励み、スポーツや趣味を楽しんでいる、不可能だと思っていた、「長寿と健康の両立」を実現している人たちに、日本のみならず、世界各地で出会うことができたからです。

そして、医学をはじめとした研究の世界では、前述のように、100歳以上の高齢者を、「世紀（センチュリー）を生き抜いた人」という意味で「センテナリアン」と呼び、彼ら彼女らの肉体に潜む、健康長寿のカギを探ろうと、日々刻々と研究が進められています。

かつて、100歳に到達する人が極めて少なかった時代においては、研究に必要なサンプル数を集めることが困難でしたが、今や日本国内だけで6万人を超えるようになったセンテナリアン人口は、世界では45万人に上るとされています。爆発的な人口増加に伴って研究も進み、さまざまな側面から「健康長寿の秘密」が明らかになってきています。

ある専門家は、「今世紀に生まれた世代の約半数は、100歳以上生きられるようになる」と予測、まさに「100まで生きるのが当たり前」となる時代が到来するというのです。

ここで、冒頭の質問を少しだけ変えて、もう一度お尋ねします。

「あなたは、元気に、長生きしたいですか？」

それだったらぜひともそう願いたい、という人も、まだまだ疑心暗鬼の人も、本書を手にとっていただいたばかりのこの段階では、さまざまな実感をお持ちのことと思います。

実際、これからお伝えしていく内容は、「○○さえすれば100歳まで元気に生きられる」といった特効薬的な要素はほとんどありません。それでもきっと、取材を通してみえてきた世界各地のセンテナリアンの暮らしぶりや、最新の研究結果から、健康長寿を成し遂げるためには何が大切なのか、普段実践できる「共通項」が浮かび上がってくるはずです。それは、おのずから、あふれるほどのアンチエイジング情報や商品に対し、ある一定の選択基準にもなるでしょう。

第1章

＊

健康長寿を手にするカギ

老化の原因「慢性炎症」とは何か

80年ほど前に創業した和菓子店で、今も接客を続ける田谷きみさん

誰もがうらやむ101歳の〝看板娘〟

今回、私たちが取材したセンテナリアンは、世界各国で60人を超えました。100歳の誕生日を迎えたばかりの方から、当時世界最高齢の116歳まで、オリジナリティあふれる多様な生き方に出会いました。その中でも、「こんなふうに生きられたら幸せだろうな」と特にうらやましく思ったセンテナリアンがいます。

千葉県北東部の東庄《とうのしょう》町。利根川を挟んで茨城県との県境にあるこの町に住む、田谷きみさんは、1915年生まれの101歳。80年ほど前に創業した和菓子店で今も店頭に立ち続ける、地域でも評判の〝看板娘〟です。

「いらっしゃいませ〜」

私が店を訪ねると明るい声で出迎えてくれた田谷さん（第1章扉の写真）。背筋をピンと伸ばし、しっかりとした足取りで歩み寄ってあいさつをしてくれました。100歳を超えているとは思えない、凛《りん》とした立ち姿です。

取材を始めてまず驚かされたのは、会話がとてもスムーズなことです。何を聞いても即座に答えが返ってくるうえ、話もコンパクトにまとまっていて、内容を二度三度とくり返すことがありません。

「田谷さんの生年月日を教えていただけますか？」

「大正4年の2月14日。和菓子店なのに生まれたのはバレンタインデーなんですよ」

ちょっとしたユーモアも交えて場を和ませてくれます。

田谷さんに会う前にも何人かのセンテナリアンに会っていましたが、体は元気でも耳が遠いという人が少なくなく、耳元で大きな声で何度か質問をくり返し、答えが返ってくるまでじっと待つ、ということがしばしばありました。それだけに、田谷さんの耳のよさとリアクションの速さは際立っているように感じたのです。

和菓子店の3代目店主で、田谷さんの孫にあたる等さん（52）にそのことを伝えると、

「私らはこれが当たり前だと思って接してきたのでね。おばあさんとは今でも仕事のことでケンカすることがあるんですが、それも頭が達者だという証なのかもしれないですね」

と笑っていた。１００歳にもなれば、誰からも丁重に扱われ、本人も黙って家族の意に

従うのではないかという先入観があったのですが、それはまったくの見当外れでした。101歳の祖母と52歳の孫のケンカ、いつかそんな場面をみてみたいな、と不謹慎ながら思ったほどです。

接客から晩酌まで、ヒントに満ちた暮らしぶり

田谷さんの一日の始まりは午前5時半。誰よりも早く起床すると、テレビをみながらお茶を飲むのが日課です。そのときお茶うけとして食べるのが、豆類やピーナツ、アーモンド、クルミなどの種実類。なかでも大豆が好物で、節分の時期になるとスーパーで買いだめしておくほどだそうです。その後、朝食をしっかり食べて、店に出ます。

売り場を担う田谷さんは、店内をきれいに掃除し、息子の廣明さん（80）や孫の等さんが工場で手造りした和菓子を陳列棚に並べます。

開店は午前8時。お客さんは近所のおなじみさんが中心ですが、田谷さんの噂を聞きつけてわざわざ遠方から買いにくる人もいます。お客さんに少しでもくつろいでもらおうと

和菓子とお茶を出すのが店の流儀で、そのために必然的に生まれるのが、田谷さんとの会話です。

「お客さんからいろいろな情報が聞けるでしょ。どこそこへ旅行に行ったとか、あの場所がおもしろいとか、そんな話をするのが楽しくてね」

客商売ならではの人とのつながりに刺激を受け、田谷さんは笑顔を絶やさず、心から楽しんでいる様子です。

そんな田谷さんの接客の中でも独特なのが、会計方法。商品の値段を足し合わせるのは、使い慣れた、そろばん。合計金額がわかると、それをレジに打ち込んでレシートを発券し、代金を受け取る前にお客さんに渡してしまいます。ですから、おつりの計算は必然的に暗算ですることになります。つまり、レジには一度も計算させることなく、会計を済ませてしまうのです。

「私はレジを打つのが遅いから、こっちのほうが早いんですよ」

このことを知っている常連客のひとりは、わざとおつりが出るように代金を渡していると笑いながら教えてくれました。「今日も間違えずに計算できた。おばあちゃんまだまだ大丈夫だ」と安心して帰るのだそうです。

正午になるといったん部屋に戻り、孫の嫁の千絵さんが作った昼食を食べます。驚いたのは品目の多さ。もずく、トマトとキャベツのサラダ、なすのおひたし、粉ふきいも、煮魚、ゆで卵、味噌汁にご飯、デザートにオレンジ、そして大好物だという甘酒まで。

もしや、取材用に特別な食事を用意してくれたのでは……と思って聞いてみると、「いつもと変わりませんよ」と、千絵さん。品数は多くても決して贅沢ということではなく、野菜は自宅の畑でとれたものが中心で、おかずも前日に残った食材をいかすなど、料理教室に通っていた千絵さんが工夫して作っているのだそうです。

「食べることと寝るのが楽しみ」と語る田谷さんの、ご飯粒ひとつ残さない食べっぷりのよさには、思わずみとれてしまうほどでした。

午後になり、客の出入りが落ち着くと、田谷さんは静かに店番をしてすごします。ですが、孫の等さんは、「ぼーっとして何もしていないようにみえますが、実はいろいろと体に気を遣っているんですよ」とこっそり教えてくれました。

様子をうかがっていると、確かに、青竹踏み、お手玉、新聞読み……暇をみては頭や体を使って何かをしていました。15時を過ぎると全員でお茶の時間にするのですが、田谷さんだけはホットミルクを飲みます。理由は「午後からはカフェインをとらないと決めているの。夜眠れなくなると困るから」と。周りに左右されることなく自分のペースを守り、決めたことを続けていく芯の強さを感じました。

こうして暮らしぶりをみていくと、絶えず健康を気遣う生真面目さがなければ、センテナリアンにはなれないのか、という気にもなりますが、田谷さん自身はいたって自然体で、ストイックに自分を追い込むことはしていません。

午後6時に店じまいをしたあと、今も欠かさないのが、晩酌です。日本酒や赤ワインをコップに4分の1程度、夕食と合わせて飲むことを楽しみにしているのです。

家族の団欒《だんらん》では、田谷さんが「ポケモンって何?」「それは街に出るの?」と思いがけない質問をしてきたために、52歳の孫、等さんが必死になって説明したり、高校生のひ孫と田谷さんが男性アイドルについて語り合うなど、4世代6人家族ならではの盛り上がりをみせます。こんなところからも、刺激と若さを得ているのかもしれません。
その後、風呂に入るなどして、午後9時半ごろに就寝。田谷さんの一日が終わります。

創業から80年あまり。和菓子職人だった夫を戦後すぐに亡くし、女手ひとつで子どもを育て、店を切り盛りしてきた田谷さん。私たちが想像もつかないほどの苦労を重ね、100年を生き抜いてきたはずですが、いつも穏やかな空気をまとっています。幾多の試練を乗り越え、磨かれていったその人柄が、多くの客を惹きつけ、家族や親戚からも愛され続ける要因になっているように思います。そして、そうした人間関係のよさが、心身の安定をもたらしているのではないかと感じました。

田谷さんの検査結果は基準値の10分の1

田谷さんのようなセンテナリアンは、なぜ健康長寿を達成できたのでしょうか。その解明に取り組んでいるのが、慶應義塾大学医学部「百寿総合研究センター」です。その名のとおり、百寿者＝センテナリアンを研究するための専門部署で、国内８００人を超えるセンテナリアンを調査した実績を持つ、先駆的存在となってきました。日本がなぜ世界屈指の長寿国であり続けているのか、その秘密に迫ろうとする世界の研究者たちも注目する研究機関です。

田谷さんの訪問調査を担当したのは、広瀬信義医師。20年以上にわたってセンテナリアン研究に携わってきたスペシャリストで、70歳を目前にした今も、毎週全国各地を回って調査を続けています。田谷さんに会うのはこの日が初めてでした。

広瀬医師「こんにちは。今日はお世話になります」
田谷さん「こちらこそ、どうぞよろしくお願いします」
広瀬医師「ずいぶんお元気ですね。お若くみえますね」
田谷さん「全然。若くないですよ」
広瀬医師「80歳くらいにみえますよ」
田谷さん「いや、子どもがもう80歳ですから」

広瀬医師「あ、そうですか、それはそれは……（笑）」

初対面の緊張をほぐそうとした広瀬医師が、冷静な田谷さんに逆に一本取られてしまう展開に、その場の空気が一気に和みます。

最初に行ったのは、事前にとったアンケートに基づいた聞き取り調査です。出生から現在にいたるまでの暮らしぶりや、本人や家族の既往歴、生活習慣などについて確認するのですが、田谷さんは関東大震災のときに、庭にあった紅葉の木につかまって助かったというエピソードから、60歳のときに布団を干そうと果敢にはしごに上ったものの、転落して大腿骨《だいたいこつ》を複雑骨折したという苦い記憶まで、100年を生きてきた人ならではの体験を次々にくり出していきます。

広瀬医師は、「100人、100通り、100年分の話を聞くことができる。それがおもしろくて、ここまで調査を続けてきたようなものです」と言います。

その後、体重、血圧、心電図の測定や採血に加えて、腸内細菌の検査（後日検便を郵送）、日常活動量の調査などが行われたのですが、どれも問題は見受けられず、良好な結果でした。その中でも広瀬医師が特に驚いたのが、田谷さんの認知機能の高さでした。

「『富士の山』、これをね、反対から言ってください。ふじのやま」

「ま・や・の・じ・ふ」

「ああ、すごい。これ、なかなかできないですよ。よくできましたね」

そのほか、今日は何年何月何日か、ここの住所はどこか、などの見当識を問う問題、100から7を連続して引き算していく問題、現在の日本の総理大臣の名前を尋ねる記憶力を測る問題などにも、順調に回答していった田谷さん。結果は100点中63点と、100歳以上ではかなりの高得点でした。

何が田谷さんの「若さ」につながっているのか。慶應義塾大学では調査で取得した各種サンプルを調べ、分析をしました。その結果、一般の高齢者とは異なる、ある特徴がみつかりました。それは、体内で起きている「慢性炎症」のレベルです。

37ページの図1は、血液検査で測定した「CRP」と呼ばれる炎症のレベルを示したグラフです。これは、一般の健康診断でも調べることができる指標です（ただし、検査機関によっては調査項目から外れている場合もあるので事前に確認が必要)。一般の人の基準値は0・3㎎/dl以下ですが、田谷さんは0・03㎎/dl。極めて低い数値であることがわかりました。

「慢性炎症のレベルの低い人ほど、寿命が長い」

実はこの「慢性炎症」、田谷さんに限らず高齢者の健康長寿の達成において重要なカギを握っていることが、慶應義塾大学の大規模調査によって明らかになりました。

研究チームは、684人のセンテナリアンと、その家族167組、85~99歳の高齢者536人、合わせて1554人分のデータを収集し、最長10年にわたる追跡調査を実施しました。その結果、「慢性炎症のレベルが低い人(集団)ほど、寿命が長い」ことが確かめられたのです。

いきなり「慢性炎症」と言われても、ピンとこない人も多いかと思います。慢性炎症とは何なのか、なぜ慢性炎症が健康寿命を延ばすカギとなっているのか、それについては後

図1　慢性炎症の測定結果

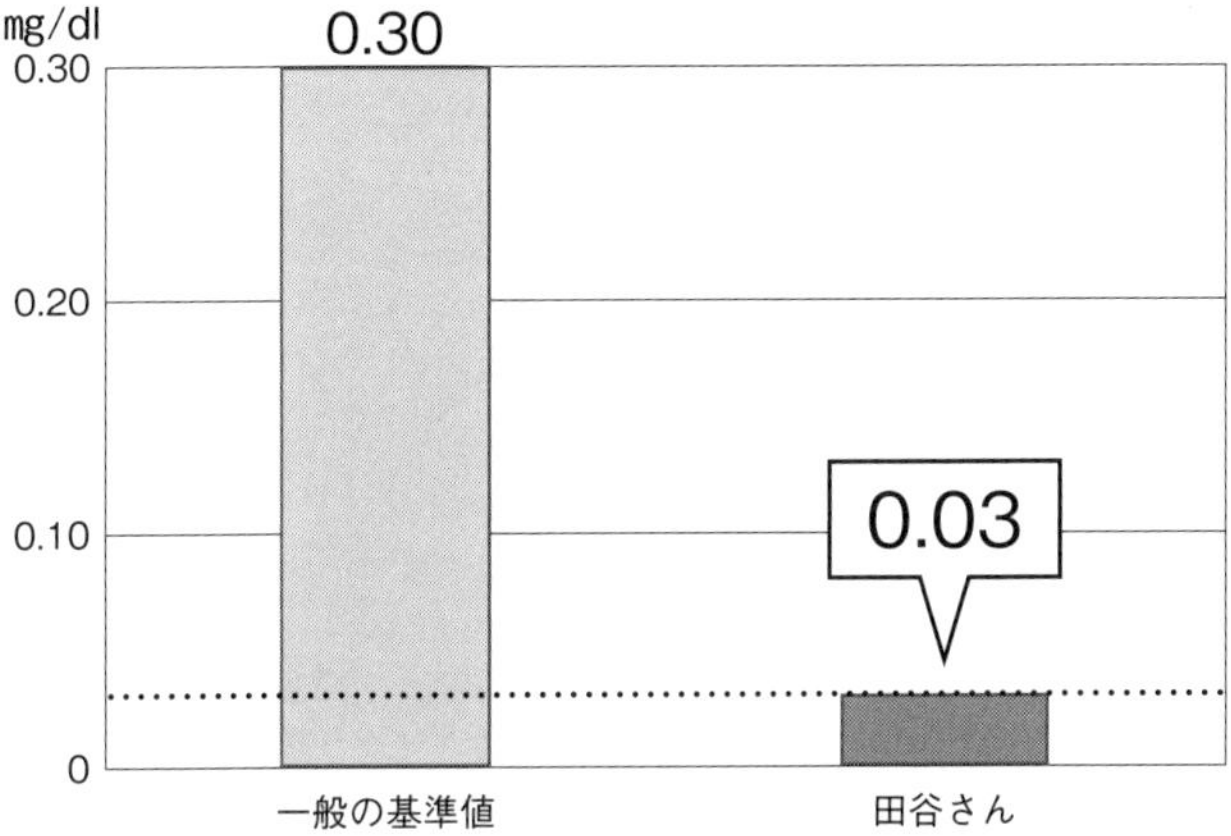

ほど詳しく説明します。その前にまず、どのようにしてこの結論にいたったのか、その経緯についてみていきましょう。

研究チームでは、集めたデータの中から長寿と関係があると考えられるカギの候補を、次の5つに絞り込みました。①慢性炎症、②造血能（血を造る能力）、③臓器の機能（肝臓・腎臓）、④代謝、⑤細胞老化です。これらの項目と、生存期間（余命の長さ）の関係を表したのが、38～39ページの図2です。

85～99歳、100～104歳、105歳以上と3つの年代に分けて調べた結果で、全部で15のグラフがあります。

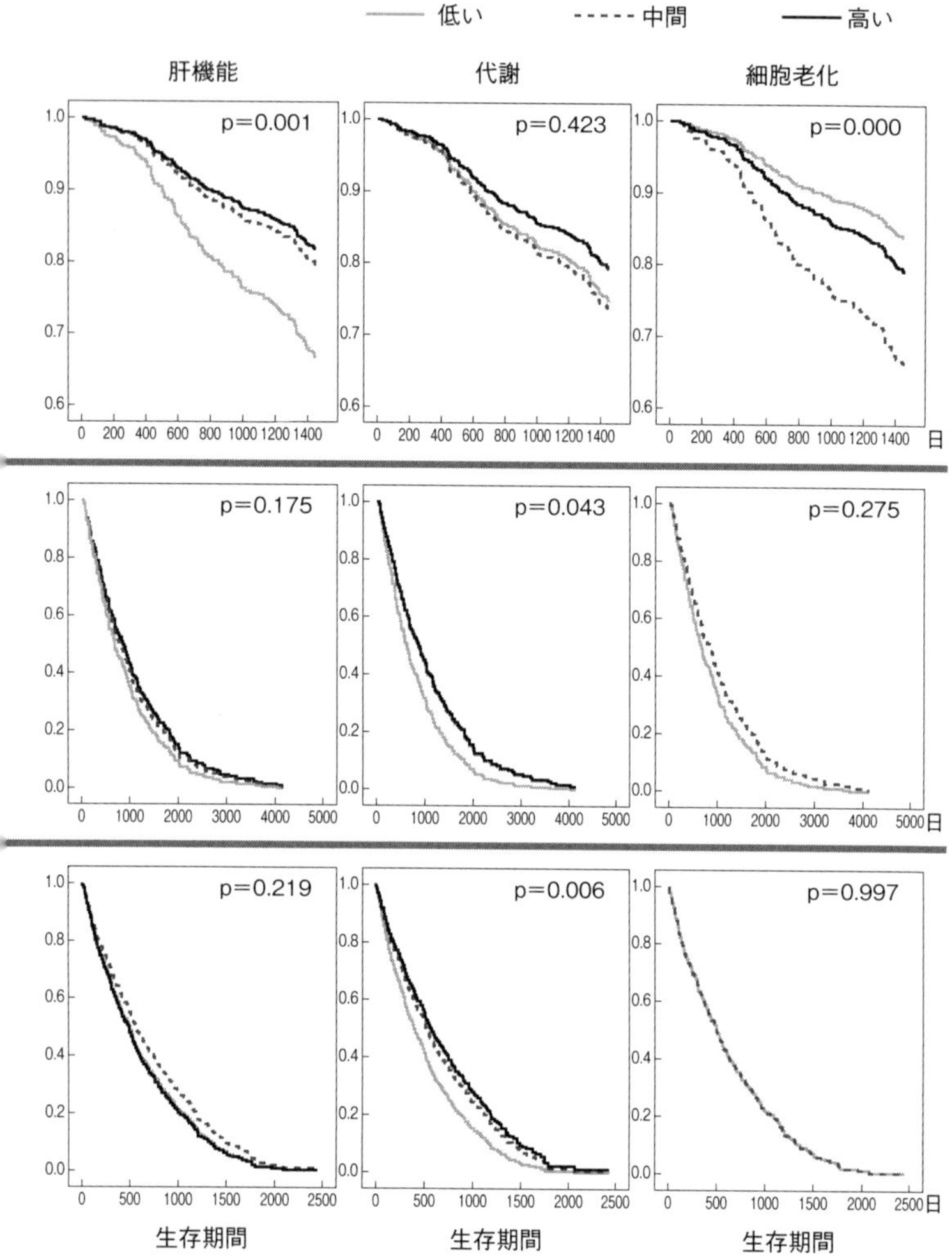

出典　Inflammation, But Not Telomere Length, Predicts Successful Ageing at Extreme Old Age: A Longitudinal Study of Semi-supercentenarians

図2　健康寿命は体の何がカギか？

臓器や代謝の機能の高さとは必ずしも関係しない。
明確な関係が示されたのは慢性炎症だけだった

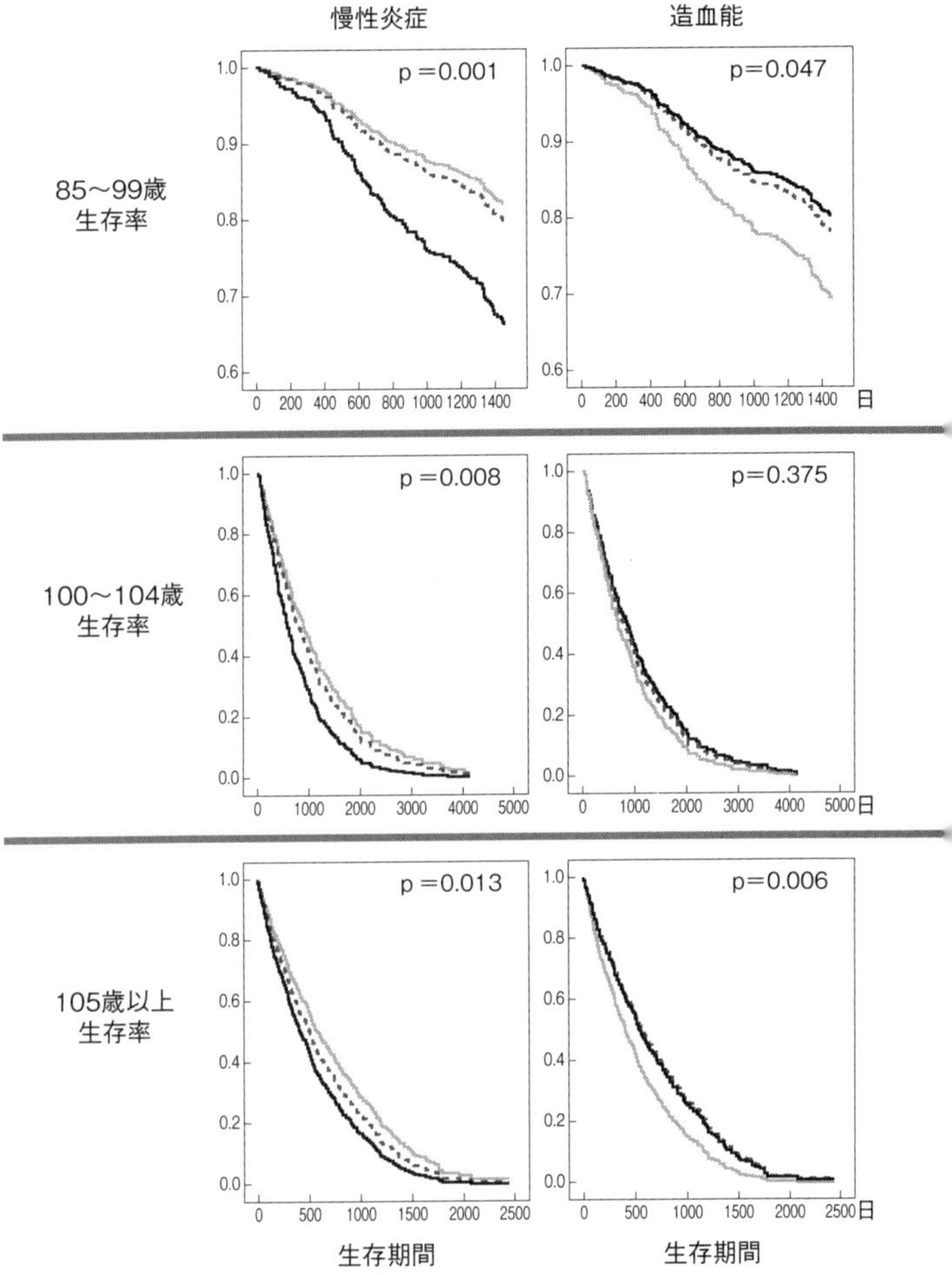

臓器が元気でも長生きとは限らなかった

図2の、たとえば、「85〜99歳」の「肝機能と生存期間」の関係をみてみます。縦軸は「生存率」、横軸は、調査開始からの「生存日数」を表しています。肝機能がもっとも高いグループ（黒い線）、中間のグループ（点線）、機能が低いグループ（グレーの線）、いずれも調査時点では存命中ですので、生存率は100パーセント（＝1）となっています。

ここから、日が経つにつれて亡くなる人が現れるのに伴い生存率は低下、3グループとも右肩下がりの曲線となります。

それでも、肝機能がもっとも高いグループは、ほかのふたつのグループに比べて、日数が経過しても生存率が高く保たれていることがわかります。このことから、「85〜99歳の群では、肝機能が高いほど寿命が長い」と言えます。そんなことは当たり前ではないか、そう思った人もいるでしょう。

では次に、同じ肝機能を「105歳以上」の群で調べたグラフをみてください。なんと、もっとも生存率が高いのは「中間のグループ」で、肝機能が高いグループと低いグループの生存率がほぼ同じ、という不思議な結果になったのです。

１０５歳以上の群では、「肝機能の高さは、寿命の長さとは必ずしも一致しない」という結果となり、全年代を通じて、肝機能の高さと寿命の長さに関係があることは示されませんでした。

同様に、「代謝」では「85〜99歳の群」で、「造血能」では「１００〜１０４歳の群」で、「細胞老化」では「全群」で、機能の高さと寿命の長さに相関関係がみられない結果となりました。極端に言えば、臓器や代謝の機能が高くても、必ずしも長生きできるとは限らない、ということです。

その中で、唯一、全年代を通じて寿命の長さと明確な関係が示されたのが、「慢性炎症」でした。３つの年齢群のすべてにおいて、「炎症レベルが低いグループほど、寿命が長い」ことが明らかになったのです。

２０１５年7月、この研究成果はイギリス・ニューカッスル大学との共同研究として医学誌に掲載され、国内外で大きな注目を集めました。

では、いったいこの慢性炎症というのは何なのでしょうか。広瀬医師と二人三脚でセンテナリアンの研究に取り組み、今回の研究チームのリーダーを務めた新井康通医師は、次のように説明してくれました。

「一般的に炎症と言いますと、体の中に、細菌とかウイルスとか異物が入ってきた場合に、その異物を取り除く、あるいはケガをしてしまったときに、その傷を修復する、そういう生体の防御反応として起こる炎症です。たとえば風邪を引いて熱が出る、あるいは気管支炎のときに熱が出る痰《たん》が出る、こういうのは急性炎症と言います。一方、慢性の炎症というのは、急性の炎症よりもはるかに低いレベルの炎症ではあるんですが、数ヵ月、数年単位で、年齢とともに徐々に進んでいく炎症の反応です。この慢性炎症は、動脈硬化や糖尿病、がん、アルツハイマー病などの病気に関係していることがわかってきています。今回の研究で、さまざまな老化に関する因子の中で、慢性炎症が健康を阻害するもっとも大きな要因であることがわかりました。つまり、この慢性炎症をいかに抑えるかが、健康長寿達成のカギを握っているのです」

慢性炎症と急性炎症の違いをわかりやすく表したのが43ページの図3となります。

図３　慢性炎症と急性炎症の違い

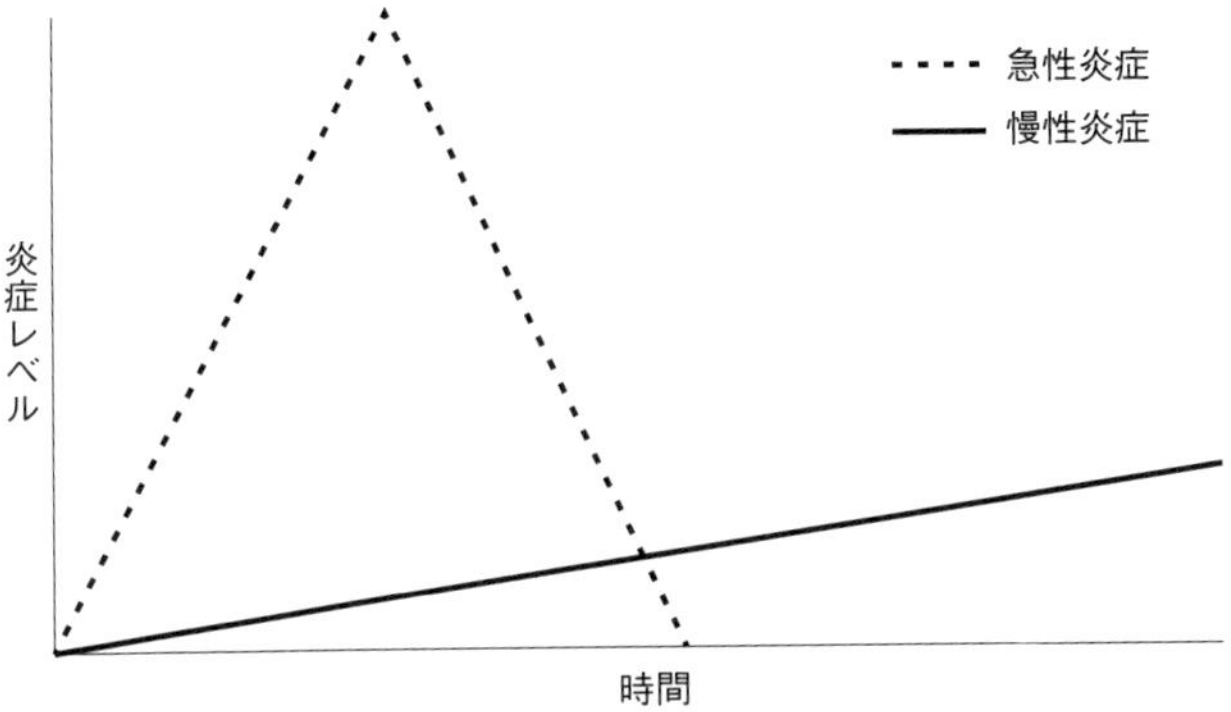

急性炎症は風邪のときに熱が出るなど生体の防御反応なのに対し、慢性炎症は加齢に伴い長い時間かけて低いレベルで徐々に進行

外敵などから身を守り、体内を正常に保つために欠かすことができない急性炎症。対して慢性炎症は、痛みや発熱を伴うような激しい炎症ではないものの、加齢によって少しずつ進む、いわば体にとって〝不必要な炎症〟というわけです。

１００歳を超えても店頭に立ち続ける田谷さんが、病気知らずで高い認知機能を維持できているのは、この慢性炎症が抑えられていることが大きくかかわっている可能性がみえてきました。

取材を進めると、慢性炎症が健康長寿のカギを握ることを示す、貴重な資料が残されていることがわかりました。

ぎんさんの血管は30歳以上若かった

私たちが訪ねたのは、名古屋市緑区にある南生協病院。病理診断科の棚橋千里医師がみせてくれたのは、あるセンテナリアンを病理解剖したときに撮影された、200枚を超える臓器の画像でした。

「通常の病理解剖でも臓器の撮影はしますが、このときは健康長寿の秘訣を調べるという目的もあって、いつも以上に数多く撮影したんです。100歳を超えた方を解剖する機会は滅多にないことですし、その方の生前を知っている、それも私だけでなく誰もが知っている人だということで、特別な緊張感がありましたね」

名古屋に住んでいた100歳と聞いて、ピンときた人もいらっしゃるでしょう。このとき病理解剖されたのは、蟹江《かにえ》ぎんさん（享年108歳）。日本に空前の100歳ブームを巻き起こした双子姉妹、「きんさん・ぎんさん」の妹さんです。

「母がなぜこれだけ元気に長生きできたのか、その理由を知りたい」とぎんさんの娘さんたち家族が、解剖に協力を申し出たことで実現しました。

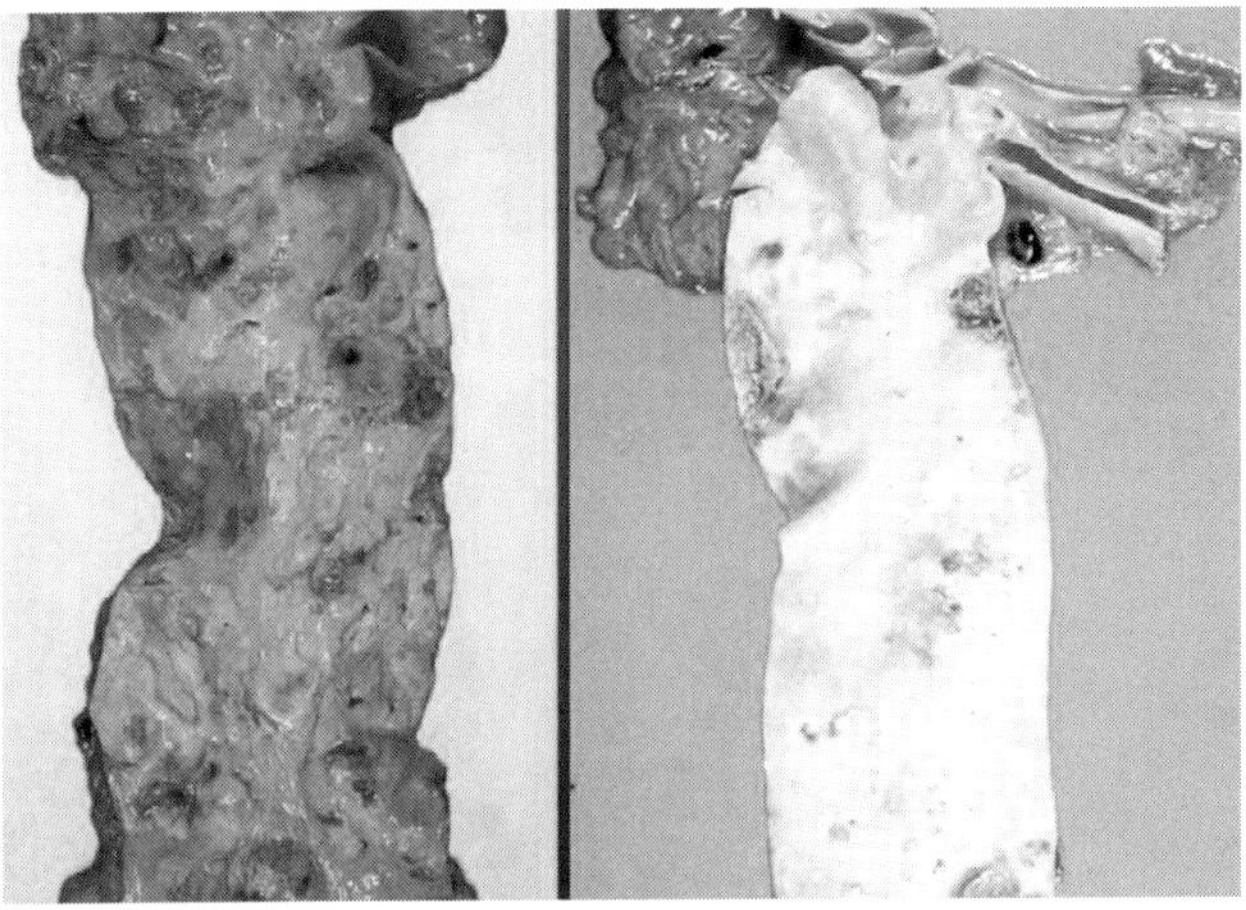

右は蟹江ぎんさんの動脈、左は80代男性の動脈
出典　南生協病院　棚橋千里医師

棚橋医師は、脳、心臓、肺、胃、腸管……あらゆる臓器について詳細に調べていきましたが、炎症所見はどこにもみられませんでした。その中でも特に印象に残っているのが、「血管」だったと言います（上の写真）。

「ぎんさんの動脈はとても柔らかくなめらかで、100歳とは思えないほどきれいな状態が保たれていました。高齢者の場合、血管の壁が硬くなったり、脂の塊が付着したりして、炎症を起こし、動脈硬化が起きていることがよくあります。動脈硬化が進んだ血管は、ハサミを入れると『バリバリ』と音がするほど硬いのですが、ぎんさんの血管はまったく力を入れる必要がありませんでした。通常よりも20歳、いや、30歳以上、若い体だったと言っても言いすぎではないと思います」

100歳を超えても元気に暮らしていたぎんさん。娘さんたちに話を聞くと、ぎんさんは「人間は足から死んでいく」「時の飯は欠かしてはいけない」が口癖で、一日40分程度の散歩を日課にし、一日3食決まった時間に食べることを心がけていたそうです。慢性炎症が抑えられていることしかり、生活習慣しかり、田谷さんとの共通点も多く、センテナリアンの特徴がみえてきたような気がしました。

慢性炎症の世界的権威が教えるメカニズム

健康長寿のカギを握る、慢性炎症。それはいったいなぜ起きるのでしょうか。私たちは、そのメカニズムの解明に挑んでいる世界的権威に会うため、イタリア中部の都市、ボローニャに向かいました。

赤みを帯びたレンガ造りの建物がひしめき合い、中世の街並みが色濃く残る市街地。その一角にあるのが、ヨーロッパ最古の大学と言われるボローニャ大学です。訪ねたのは医学部のクラウディオ・フランチェスキー名誉教授。老化に伴って慢性炎症が促進される現象を、「炎症＝インフラメーション」と「老化＝エイジング」を組み合わせて、「インフラメイジング」と名付け、世界で初めて提唱した、炎症研究の第一人者です。

「ようこそいらっしゃいました。長寿の国、日本の方とセンテナリアンについて話ができるのを楽しみにしていました」

私たちを出迎えてくれたフランチェスキー名誉教授は、撮影の準備が整う間もなく、スライドやホワイトボードを使って次々に解説を始めました。

「インフラメイジング、つまり老化に伴う慢性炎症がなぜ起きるのか？　その問いに対し、ヒトや動物を対象に研究した数多くの論文と実験データから、私たちはひとつの答えにたどり着きました。それは『ゴミ捨て』という概念です」

「ゴミ」とは、その名のとおり、体にとって不要なものすべてを指します。実は体内では、絶え間なくゴミが作られているのですが、それが捨てられずに体内に残り続けると、ゴミが炎症を引き起こす刺激となり、慢性炎症が加速していく、それがメカニズムの一端であることがわかってきたと言います。

さらにフランチェスキー名誉教授は、研究を進める中で、「ゴミ」が体内に蓄積する原因を突き止めていきました。

そのひとつが、「細胞の老化」です。通常、年老いて機能を果たせなくなった細胞は、分裂を停止します。これは、正常でない細胞、つまりがん細胞のような悪性の細胞が増殖するのを防ぐために、もともと体に備わっている重要な機能で、腫瘍《しゅよう》抑制反応と呼ばれています。ところが、この老化した細胞は、ある物質を作り出します。「炎症性サイトカイン」と呼ばれるたんぱく質です。これが分泌されると、周囲の細胞まで老化させ、炎症と老化が加速していくことになるのです（49ページの図4）。

さらに、細胞が死にいたる、「細胞死」が起きると、細胞の残骸などが排出されてゴミとなります。本来、こうしたゴミは、体内の免疫応答によって素早く取り除かれるのですが、年とともに免疫機能が低下すると、ゴミを除去する能力も低下し、体内に蓄積されやすくなると言います。

図4　慢性炎症促進のメカニズム

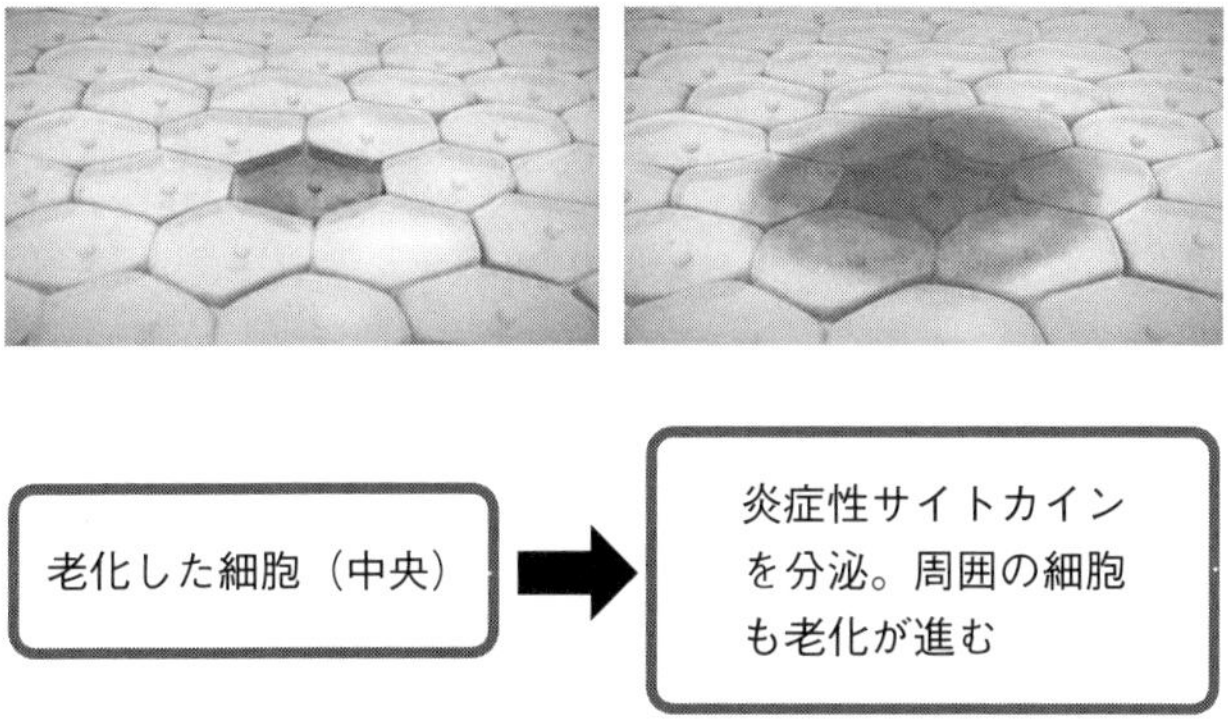
老化した細胞（中央）
炎症性サイトカインを分泌。周囲の細胞も老化が進む

作られるゴミの量が増えていくうえに、ゴミを除去する能力が衰えていくのですから、加齢によって慢性炎症が起きるのは、ある意味で必然的な現象であると言えます。

　最近の研究では、いわゆる加齢性疾患と呼ばれる病気、たとえば、認知症、糖尿病、がん、動脈硬化、パーキンソン病、これらに慢性炎症が大きく影響していることが明らかになってきました。

　一見、別々の原因で生じているように思われてきた病気でも、実は基本的なメカニズムは同じであるとフランチェスキー名誉教授は指摘します。

　それぞれの疾患に個別に対処するのではな

く、慢性炎症に効果的に対処できるようになれば、あらゆる病気に同時に対処できる。そうなれば健康長寿の達成はより確実性を増していくことになるでしょう。

慢性炎症が起きるメカニズムについて解説してくれたフランチェスキー名誉教授に、私たちはさらなる質問を重ねました。

「では、どうすれば慢性炎症を抑えられるのでしょうか？」

フランチェスキー名誉教授は鋭い眼差《まなざ》しをいっそう光らせるかのようにして、きっぱりとこう答えました。

「カギは、食事と運動にあります。適切な食生活と運動習慣によって、体内で作られるゴミの量が減ります。ゴミが作られても、きちんと除去されるのです。その結果、炎症を引き起こす刺激が弱まり、老化のスピードを遅らせられるとわかってきたからです」

その適切な食事と運動。それはいったいどのようなものなのでしょうか。

第2章
※
老化を防ぐ「食事」

長寿食で腸内フローラが変わる

第２章では、日野原重明先生の健康長寿を支えた食事のメニューと、その考え方も紹介

食事と運動がどう影響するのか、その手がかりがつかめるのではないかと、世界の研究者が注目しているのが53ページの図5で示されたエリアです。アメリカ・カリフォルニア州の一部、中米・コスタリカにある半島、イタリア・サルデーニャ島、日本の沖縄、などなど。

これらは、センテナリアンが局地的に多い長寿地域で、研究者のあいだでは〝ブルーゾーン〟とも呼ばれています（なぜこのような名前がついたのかは第3章で後述します）。長寿の秘訣は何なのか、研究を進めていくと、これらの地域に共通するライフスタイルがあることがわかってきたのです。

町民2000人中300人が長寿の人々の食卓

その中でも、炎症研究の第一人者、フランチェスキー名誉教授が指摘した「食事」に長寿のカギがあるとして、脚光を浴びている地域がありました。イタリア南部にある、アッチャローリです。ここは2016年、人口2000人のうち300人がセンテナリアンだと各国のメディアで報じられ、突然、長寿地域として名が知れ渡ることになりました。

図５　世界の長寿地域

ブルーゾーンと呼ばれる４地域（一重丸）アメリカ・カリフォルニア州の一部、中米・コスタリカにある半島、イタリア・サルデーニャ島、日本の沖縄に加えて、近年では、スペイン、中国、キューバなどでもセンテナリアンが局地的に多い地域が発見され、研究が進められています（二重丸）

ボローニャから陸路で2日がかりで現地に入り、海沿いの町を回っていると、大勢の人でごった返している場所がありました。朝市です。色鮮やかな野菜や果物に加えて、何種類ものオリーブ、ナッツ類が樽《たる》に山盛りとなって売られていました。温暖な気候のもとで育まれた豊かな食材。健康によいとして世界無形遺産にも登録された「地中海食」は、この地方が発祥の地だとされています。

地中海食なら日本のレストランでも食べることができますし、今となってはそう珍しい料理ではありませんよね。でも、実際に現地の人たちは、どのような食事をとっているのでしょうか。

私たちは地元の家庭料理を提供しているという、町のレストランを訪ねました。店内に入ると、家族総出でかごに山盛りのトマトを細かく切り、すりつぶしてトマトソースを作っているところでした。

「一年分のソースを今日一日で作るの。これだけトマトとにらめっこする日はないわ」と教えてくれたのは、94歳になる店主、マリアさんです。マリアさんの兄はこの5ヵ月前に100歳になったばかりだというセンテナリアンでした。

厨房《ちゅうぼう》の様子をみせてもらうと、調理していたのは、自家製のニョッキにトマトソースをあえたシンプルなパスタ料理に、オリーブオイルでソテーした片口いわし、たこと豆をにんにくやハーブとともにトマトソースで煮込んだ料理など。見た目はかなり素朴です。できあがった料理を撮影していると、外出先から戻ってきたマリアさんの娘の夫が声をかけてきました。

「君たち、地元の人間が食べている料理を撮りたいんだって？　それならもう一品、これぞってやつを作ってあげるよ」

そう言って店を出ると、案内されたのは小さな畑でした。バジルを摘み、真っ赤に色づいたミニトマトを収穫します。すると、戻り間際、道に自生していた低木の枝葉をむしりはじめました。

「これ何だかわかるかい？　匂いをかいでごらん」

スッと鼻を抜けるミントのような香り。植物に疎い私には、ちっともわかりませんでしたが、ハーブの一種、ローズマリーでした。

「肉や魚の臭み消しとしてだけでなく、アッチャローリでは、ほぼすべての料理に使うんだ。そのため毎日のようにローズマリーを食べていることになるんだよ」

そう言われて先ほどの調理シーンを思い返すと、確かに、すべての料理に小さくカットされたローズマリーが使われていました。あとでわかったことですが、このローズマリーは抗炎症作用があり、ほかの長寿地域でも、同じようにハーブをよく料理に使っていたのでした。

厨房に戻った彼は、焦げ茶色の固いパンを手で一口大にちぎり、大皿の上に敷き詰めました。その上に、絞りたてのトマト果汁を、パンがしなしなになるまでスプーンでかけていきます。さらにトマト、バジル、にんにくを散らし、最後にローズマリー入りのオリーブオイルをたっぷりとかけてできあがり。それまでにみせてもらった料理よりもさらに素朴な一品でした。

「貧しい時代は、こうした固いパンしか手に入らなかったからね。身近にとれる食材を使いながら、どうやったらおいしく食べられるかを考えて作られた料理なんだ。漁師は船の上で、農民は畑で、これを食べて腹を満たしたものさ」

グルメ雑誌などでよく目にする地中海料理とは、似ても似つかぬほど質素な料理でしたが、それがかえって取材する私たちにリアリティを与えてくれたように思います。華やかな地中海食を食べ続けることが健康長寿への道、と言われてしまうと、果たしてどれだけの人が実行できるかわかりませんから。

地中海食で慢性炎症を抑えられるかを検証

「慢性炎症を抑えるカギは食事にある」

そう明言したボローニャ大学のフランチェスキー名誉教授は、地中海食と健康長寿の関係を調べるため、ヨーロッパ各国の専門家と共同で大規模な研究を実施しました。

対象は、イタリア、フランス、オランダ、イギリス、ポーランドの各国から250人ずつ、合計1250人の高齢者。管理栄養士の指導のもとで地中海食を1年間食べ続けてもらい、体に起きる変化を調べるというものでした（被験者の半分は比較検証のため通常の食事）。

被験者の血液から炎症のレベルを測定し、解析した最新の結果が58ページの図6。縦軸は炎症のレベル、横軸は地中海食の遵守度を表します。遵守度とは、前述した地中海食の定義に基づいた各食品の基準摂取量をどのくらい適切に守ったかを示すものです。適切に地中海食を食べ続けた人ほど、炎症の数値が低くなることがわかりました。

栄養学の専門家は、地中海食に特徴的な魚、オリーブオイル、ナッツ類、緑黄色野菜などに含まれる脂肪酸やポリフェノール、リコピンなどには抗炎症作用があり、それが影響を与えた可能性を指摘します。

ところが、さらに解析を進めると意外な事実が浮かび上がってきました。59ページの図7をご覧ください。炎症のレベルを国別に分析した結果です。

地中海食と慢性炎症の関係

図６　地中海食の効果を検証

５ヵ国の高齢者で調査したところ、適切に地中海食を
食べ続けた人ほど炎症の数値は低くなった

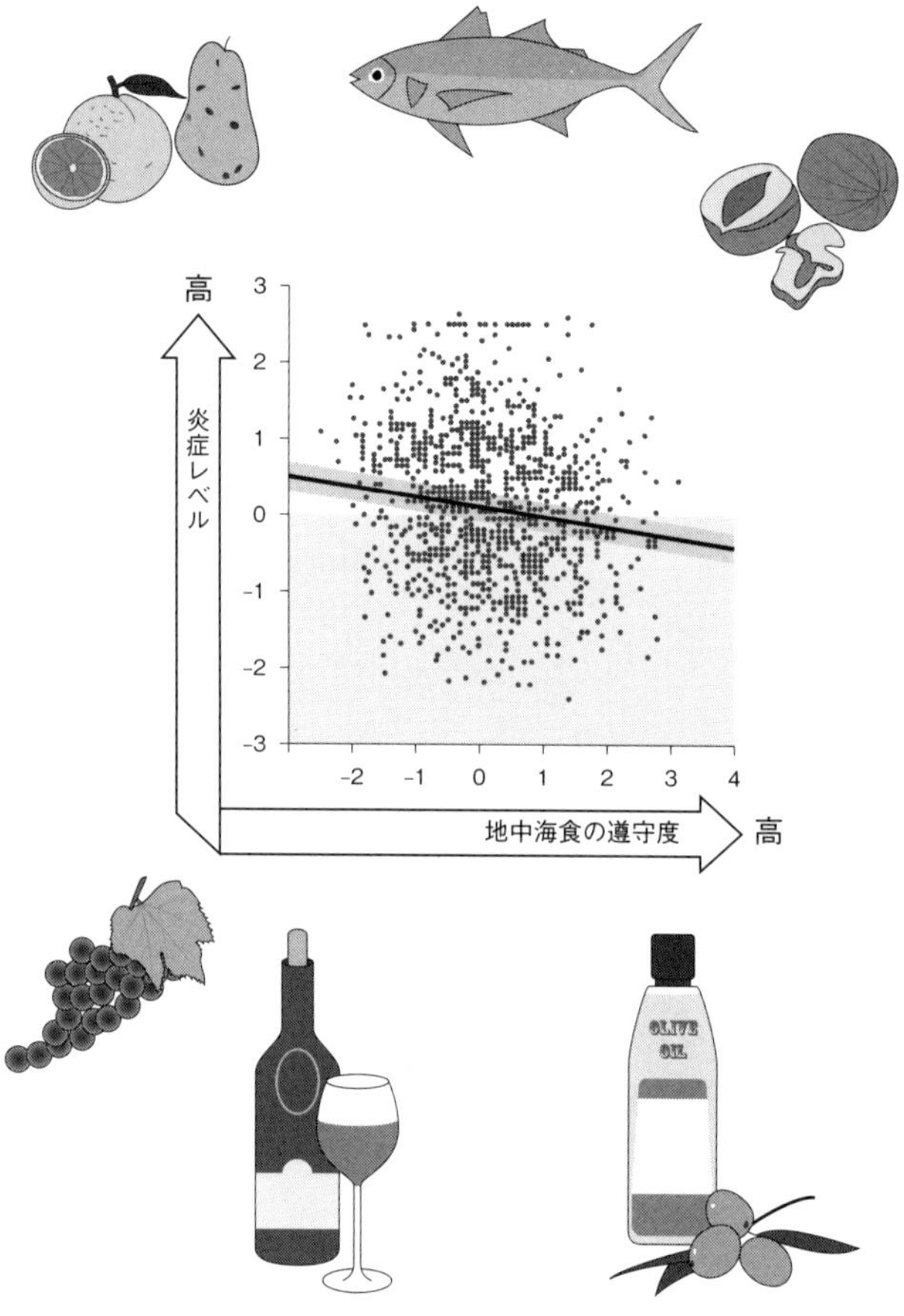

図7　地中海食をとっても国により効果が異なる

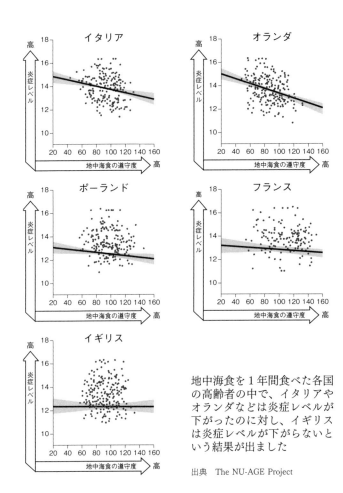

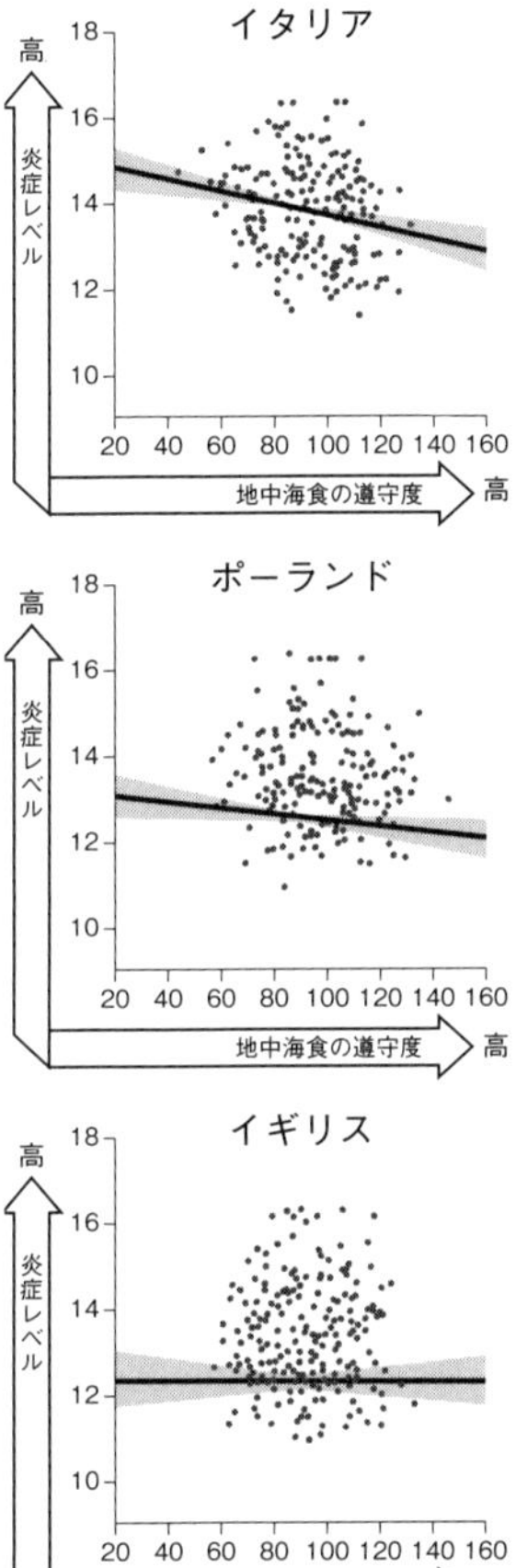

地中海食を1年間食べた各国の高齢者の中で、イタリアやオランダなどは炎症レベルが下がったのに対し、イギリスは炎症レベルが下がらないという結果が出ました

出典　The NU-AGE Project

地中海食を食べることで明らかに炎症の数値が下がっていた国がある一方で、あまり効果がみられない国があったのです。

特にイギリスでは、炎症のレベルは変わらず、地中海食がすべての国の人に必ずしも効果があるわけではないことが示されました。これらの結果は、フランチェスキー名誉教授にとっても予想していないものだったと言います。

「これまで地中海食は、すべての人に同じように効果をもたらすと考えられてきましたが、実際にはそうではありませんでした。この結果から想定されるのは、食生活が人間に深く組み込まれているということです。つまり、食事の効果が、人種、ライフスタイル、性別、個々の感受性などに左右されているということでした。食事が高齢者の慢性炎症にどのように影響を与えるのか、そのメカニズムはこれまで考えられてきたよりもはるかに複雑であることがわかったのです」

同じものを食べたとしても、体への影響の出方は人によって異なり、「○○を食べれば慢性炎症を抑えられる」というほど、ものごとは単純ではないことがみえてきました。

日本人の腸内フローラは群を抜いて特徴的

では、なぜこのような違いが生まれるのでしょうか。考えられる要因のひとつとして、フランチェスキー名誉教授があげたのが、腸内細菌叢《そう》。今では多くの人に知られるようになった、「腸内フローラ」です。

菌種にして約1000種類、数百兆個が腸管に生息していると言われる腸内細菌。摂取した食事からビタミンなどの栄養素を作るほか、病原菌の感染から体を守るなど、健康に大きな影響を与えていることが知られています。

これまでは、そのあまりの数の多さから謎が多く、「人体のブラックボックス」とも呼ばれてきました。しかし、近年の目覚ましい技術革新により、腸内フローラの全体像が解明されつつあります。

フランチェスキー名誉教授が指揮する大規模研究でも、参加した5ヵ国の被験者の腸内細菌が調べられており、その結果を待ちたいところですが、ここで私たち日本人に大きくかかわる、興味深い研究をご紹介したいと思います。

それは、2016年3月に早稲田大学の服部正平教授(ゲノム科学)らの研究チームが、国際科学誌に発表した研究成果です。

研究チームは、健康な日本人の男女106人(19〜60歳)を対象に、腸内細菌の遺伝子を解析。欧米や中国など11ヵ国、755人のデータと比較しました。その結果、腸内フローラの菌種組成が、国によって大きく異なることが浮かび上がってきました。

日本人の場合、ほかの11ヵ国の被験者に比べて、米などの炭水化物から無駄なく栄養素を作る腸内細菌が際立って多いことがわかりました。また、日本人の約90パーセントが海藻を消化する遺伝子を持つ腸内細菌を保有しているのに対して、外国人では最高でも15パーセントにとどまることも明らかになりました。

さらに、日本人の腸内細菌には、傷ついたDNAの修復にかかわる遺伝子が少ないことも判明しました。これは、細胞のがん化につながるDNAの損傷が起きにくい腸内環境にあることの裏返しである、と服部教授は指摘します。

日本人の腸内フローラはどれだけ特徴的なのか、それを確かめる試みも行われました。菌種組成だけをみて、被験者の出身国を当てるというものです。結果は、12ヵ国の平均正答率は87パーセントと高率でしたが、日本人の場合は、なんと100パーセント。顔をみなくても、いや、顔をみる以上に腸内細菌をみれば、その人が日本人であるとわかるほど、際立った特徴を持っていることが判明したのです。

このような日本人の腸内細菌には、生体に有益な機能が諸外国の人よりも多く含まれ、それが日本人の世界屈指の平均寿命の高さや、低い肥満率に関連している可能性があることが示唆されました。

食生活に深くかかわっている腸内フローラが、国によって大きく異なっている以上、地中海式の食事効果が国によって変わってくるのは、むしろ当然のことのように思います。

年間310万人も訪れる中国の長寿村

国によって特徴が異なる腸内フローラですが、世界中のセンテナリアンたちの腸内細菌から、健康長寿にかかわる共通項をみつけられないだろうか？　その挑戦が今、世界各地で始まっています。ここで重要になってくるのもまた、〝長寿のホットスポット〟です。

中国屈指の長寿率を誇るその村は、隣町から車で5時間かかる山奥にありました。中国南西部、巴馬《バーマ》ヤオ族自治県。川沿いの集落に、95人ものセンテナリアンが暮らしているそうです。

村の食堂に入ると……いました！

110歳だというおばあちゃん。誰の助けも借りずに、自分でうどん（煮米麵）を食べていました。

「とても元気ですよ。食欲もあって」と応える黄おばあちゃんに、健康の秘訣を聞いてみました。

「病気をしないことです。ときどき予防注射をするだけで、何の病気もないんですよ。好きな食事は、とうもろこしと米をまぜたおかゆです」

ほかにも、元気に雑貨店の店番をしていた102歳の女性や、病気ひとつしていないという元靴職人の111歳の女性……、たった1時間で4人ものセンテナリアンに遭遇しました。

清《しん》の時代から長寿村として知られていた巴馬は、少数民族がひっそりと暮らす秘境でした。ですが近年、道路が整備されてから、大型バスに乗って、中国全土から年間310万人が押し寄せる観光地になっています。

やってくる人たちの頭にあるのはただひとつ、「健康長寿」です。ここに滞在してここの暮らしをすれば、自分も健康で長生きできるのではないかというのです。なかでもがんや糖尿病など、重い病気を患う人たちは、村への移住まで始めています。

ただ、ここに滞在して何をするのかは、人それぞれのポリシーによって違うようです。

「空気」が体によいと信じる人たちは、朝夕2回、村の中でも特に空気がよいとされる百魔洞という洞窟に向かい、独特の健康体操や深呼吸を行っていました。

「ただただ真剣にやっています。終わると体が温かくなり気持ちいいんです」

「水」が体によいと信じる人たちは、村を流れる川を「命の川」と呼んでいました。

そして毎日、源流に行き、わき水を大量に飲み続けていました。

村の岩盤から出ている「磁気」が体によいと信じる人たちは、岩の上に座り、一日中瞑想をしていました。

「科学的にどういうことなのかは具体的にわからないんですが、磁気がよいと言われたので来てみたんです」

健康長寿への切なる思いと、体によいと思うと夢中になるのは人類共通です。

腸内細菌の種類が増える長寿村の食事

「100歳以上の人たちの腸内細菌は種類が明らかに多いのです。長寿の秘密が隠されているはずです」

この村の食事と腸内細菌の関係に注目しているのは広西大学の李全陽教授です。

李教授は、私たちが取材に訪れた前年、村の100歳以上のセンテナリアンたちの腸内細菌についての画期的な研究を発表したばかりでした。

李教授は、村のセンテナリアンたち、村の100歳未満の高齢者たち、都会の高齢者たちから便を採取し、腸内細菌を詳細に分析しました。すると、この長寿村のセンテナリアンに特徴的な腸内細菌を発見したのです。

少し専門的になりますが、リケネラとポルフィロモナスの腸内細菌の量が少なく、バクテロイデスが多く存在していました。腸内細菌叢に含まれるバクテロイデスの種は、炭水化物の発酵、多糖類・胆汁酸・コレステロールの異化作用、アミノ酸とたんぱく質の利用に重要な役割を担い、人間の健康に影響を及ぼす可能性がすでに報告されています。

センテナリアンたちの腸内細菌は、長年の食生活によって作られてきたものです。いったいどんな食事なのでしょうか。李教授は、研究対象にしている一家を紹介してくれると、一緒に一家が住む、村のはずれに向かいました。

訪れると驚きました。出迎えてくれた4人、全員がセンテナリアンだったんですから。長男とその妻、次男とその妻の4名が、センテナリアンなのです（69ページの写真）。

一家のいちばんの年長者は、1910年生まれの黄巻光さん（107歳）。いちばんの年少者は1歳3ヵ月の玄孫。5世代で同じ家に暮らしています。

李教授は、4人のセンテナリアンたちの血圧や身長、体重を測定しながら、話を聞いていきます。

「昔、人民共和国ができる前はつらい生活でしたよ。肉なんて食べられませんでした。とうもろこしも食べられませんでした。豆と野菜だけです。病気になっても病院なんてなかったから、祈禱師《きとうし》に祈ってもらうことくらいしかできませんでした。でもここではみんな90歳とか100歳まで長生きしています」

外の村から嫁いできた100歳の黄乜后さんは、この村には健康な人ばかりなのが不思議だと話してくれました。

「私の父と母は自分が子どものころに死んでしまいました。私には男の兄弟が9人いましたし、姉もひとりいました。でもみんな死んで、ここに嫁いできた自分だけがなぜか長生きしているんです。この家で暮らす人たちはみんな長生きなんです。何か健康の秘訣があるんでしょうね」

では、どの食物が特徴的な腸内細菌を生み出すのでしょうか。この村のセンテナリアンたちの食事の特徴はこのようなものです。

▽とうもろこしや豆類などの穀物をよく食べる（猫豆という黒い豆がよく採れる）。

黄家の４人とお隣さん。左から、長男の妻で黄乜后さん（100）、次男の妻の黄乜規さん（101）、長男の黄巻光さん（107）、次男の黄巻輝さん（101）、お隣さん（89歳）

▽繊維質が豊富な葉物野菜を多く食べる。芋の葉や、苦馬葉という野菜など。

▽火麻《ホーマ》と呼ばれる、麻の実をすり潰したスープを、毎食食べる。

▽みんな大好物なのが豚肉。2週間に一度、飼っている豚を解体し食べる。

▽食べ物はすべて自家製（そもそもスーパーマーケットが巴馬にはない）。

李教授は、これらの食事がセンテナリアンの腸内細菌とかかわっているとにらんで、解析を急いでいます。ただし、研究は簡単ではありません。巴馬のセンテナリアンから浮かび上がってきた腸内細菌の特徴は、イタリアで行われたセンテナリアンの研究結果とは一致しない点もあるとわかってきたからです。腸内細菌は国によって特性に違いがあるため、あるひとつの腸内細菌が多い、少ないといった単純な話で解明できるものではないことがわかってきているのです。

「腸内細菌は、無限とも思える無数の組み合わせがありますが、その中に、センテナリアンに共通の特性はきっとあるはずです。私の夢は、健康長寿のカギを解き明かすだけでは終わりませんよ。将来的には、日々飲むだけで、センテナリアンの腸内細菌に近づくことができるカプセルのようなものを開発したいのです」

そう意気込む李教授ですが、少し懸念していることがあると言い、私たちをある建設現場に連れていってくれました。

そこの看板には、「巴馬国際長者養生都市」と書かれていました。完成予定図をみると、なんでも、長寿村の中に巨大な長寿タウンを人工的に作り出す構想のようです。そこには、長寿食を食べるレストラン、お土産モール、ホテルなどが建設され、さらには人工的に「命の川」も引いてこようとしているようです。

今中国では、都会を中心に空前の健康ブームで、巴馬には観光客や移住者が爆発的に増えています。その受け皿としてということなのでしょう。

「長寿村の何が長寿の秘密なのか？　ひとことで言えば、ここの豊かな大自然に溶け込んで暮らしてきた人々が、自然の恩恵を日常的に受けることができたということに尽きるのではないでしょうか。それなのに、このような巨大な町を、自然を壊して人工的に作ってしまうのだとすれば、本末転倒だと思う。そのせいで健康のカギが消え去ってしまい、センテナリアンもいなくなってしまうのではないかと心配なのです」

日本食で認知症や介護リスクが低くなる

ここまで、国ごとに異なる食事スタイルやその効果の違いについてみてきました。次に、私たち日本人は、どのような食事を心がければよいのか、考えていきたいと思います。

食と健康長寿をテーマに研究している、東北大学大学院の都築毅准教授は、

「当たり前のことではあるけれど、日本人にとっては日本食がベスト。それは慢性炎症を抑えるという観点からみても間違いない」

と指摘します。日本食によく使われる、魚、大豆、海藻、野菜などには、地中海食と同様に、抗炎症成分が含まれていると言います。

都築准教授の研究によれば、魚の油を摂取すると、べにばな油と比較して慢性炎症の数値が40パーセント近く下がるという結果も出ています（73ページ上の図8）。

今回の取材で、日本食は地中海食と並んで、研究者のあいだで国際的な評価が高まっていることもわかりました。2016年9月に、スペイン・グラナダで開かれた国際栄養士会議。ここで発表されたある研究結果に注目が集まりました。

「日本食をとる傾向が高い人ほど、認知症になるリスクが低かった」というデータです。この成果を発表したのは、東北大学大学院の遠又靖丈講師。都築准教授とともに、日本食と高齢者の健康について研究をしています。

遠又講師は同様に、日本食と介護が必要となるリスク（要介護リスク）についての関係

図8　慢性炎症に魚油がもたらす効果

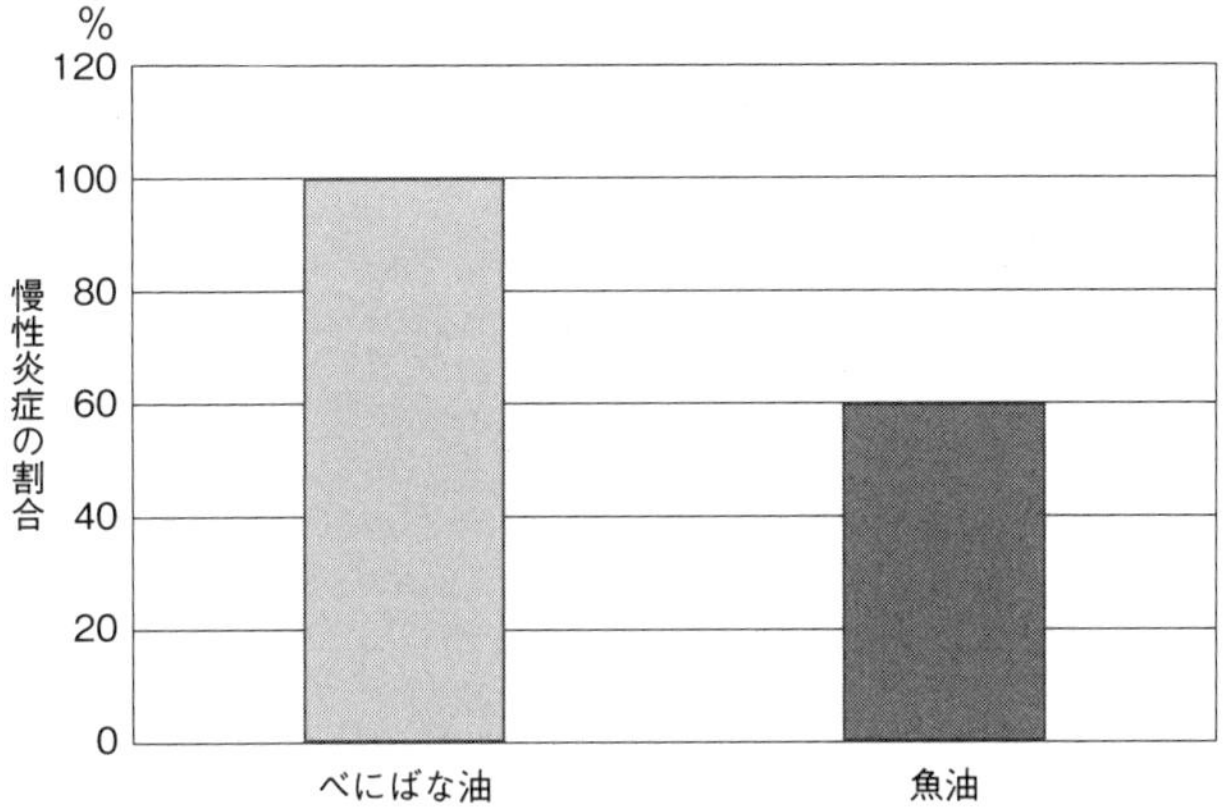

出典　東北大学大学院 都築毅准教授

図9　日本食による要介護リスクの低下度

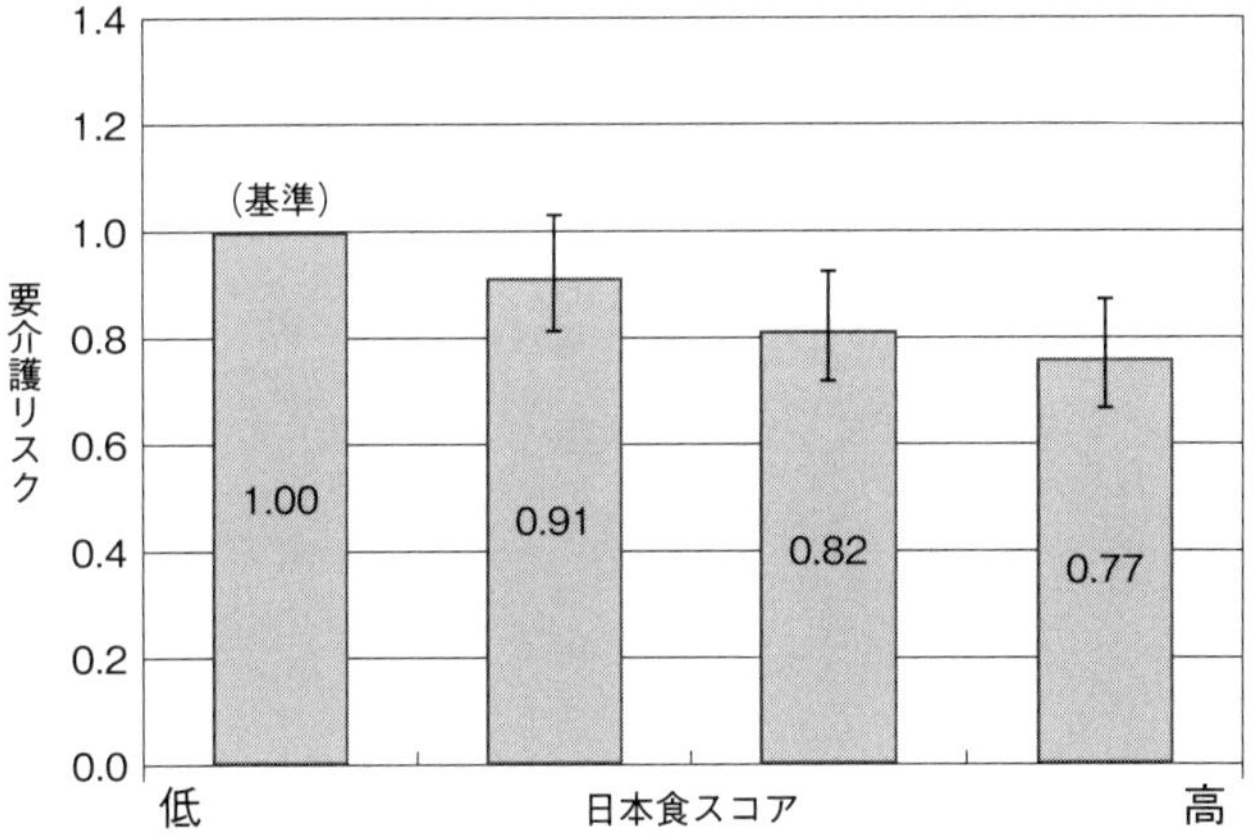

出典　東北大学大学院 遠又靖丈講師

も調査しましたが、やはり日本食をとる傾向が高い人ほど、要介護リスクが低下することが明らかになりました（73ページ下の図9）。こうした傾向は、ほかの食事様式ではみられなかったそうです。

なぜ、このような結果が出たのか、はっきりとした因果関係は明らかになっていませんが、日本食に含まれる成分のうち、大豆のイソフラボンや緑茶のカテキンなどは、要介護リスクや、循環器疾患のリスクの低さと関連があることがヒトを対象とする研究で報告されています。

この会議の主要メンバーのひとり、イギリスのブリストル大学で栄養学について研究しているアンジェリキ・パパダキ博士は、遠又講師の研究結果を受けて、日本食を次のように評価します。

「典型的な日本食を食べる傾向の高い高齢者が、傾向の低い高齢者に比べて認知症や要介護のリスクが低いというのは、驚きの結果です。これは、日本食が地中海食と並んで、世界でもっとも健康的な食事スタイルであることを裏づけています。日本食は地中海食よりも魚の摂取量が多く、地中海食は日本食よりもオリーブオイルの摂取量が多いというわずかな違いはあるものの、野菜をよく食べ、肉類は控えめである点などは、どちらの食事スタイルにも共通しています。これらふたつの食事は、アメリカなど欧米の食事スタイルに比べて心血管疾患のリスクが低く、長寿と関係があることがわかっています。ですから日本は、欧米の食事を真似する必要はありません。日本食をいかに守っていくか、それが重要なのです」

日本食が、日本を世界一の長寿国に押し上げた大きな要因であることには、おそらく異論はないと思います。

今元気に暮らしている日本のセンテナリアンのほとんどは、伝統的な日本食を食べ続けてきたことでしょう。しかし、それよりも若い世代ではどうでしょうか。日本食といっても、その内容は時代とともに変わってきていることが考えられます。

では、どのような日本食が理想なのでしょうか。都築准教授ら東北大学の研究チームは、あるユニークな研究を実施しました。

1975年の日本食がもっとも健康寿命を延ばす

まず、厚生労働省「国民健康・栄養調査」に基づき、2005年、1990年、1975年、1960年、4つの年の平均的な献立を再現して調理したものを粉末にし、マウスに摂食させる実験を行いました。

すると、1975年の日本食を食べたマウスの平均寿命は、2005年の日本食を食べたマウスよりも長いという結果が出ました。加えて1975年の日本食を食べたマウスは、学習記憶機能が良好な成績で、がんの発生率がもっとも低いこともわかりました。

1975年の日本食の特徴は、たんぱく質や脂質を肉よりも魚介類からおもにとっていたことや、わかめやひじきなどの海藻を多く食べており、食物繊維が豊富にとれていたことが示されています（78〜79ページの表1）。

対して1960年は、「米の割合が多く、おかずの種類や量が少ない」。1990年は、「食の欧米化の影響で朝のパン食が増え、乳製品や芋類の摂取が増えている」傾向にあり、カロリーの摂取過多につながりやすい。2005年は、「米が少なく、肉類、油脂類が多い」などの特色があり、油分のとりすぎになりがちだと言います。

そこで、次にヒトを対象にした試験を行い、1975年の日本食と現代食の生体への影響を比較することにしました。その結果、軽度肥満者の場合は、BMI（体格指数）や体重が有意に減少し、悪玉コレステロールも減少、善玉コレステロールが増加しました。普通体重の人の場合は、ストレス軽減や運動機能の向上といった傾向がみられました。これらの研究から、理想的な日本食は、「1975年型」であると結論づけられました。

研究チームは、1975年型にみられる健康的な日本食の特徴を80ページの図10のように明確化しました。

第1は「多様性」。いろいろな食材を少しずつ摂取する。

第2は「調理法」。「煮る」「蒸す」「生食」を優先し、次いで「茹でる」「焼く」。「揚げる」「炒める」は控えめに。

第3として「食材」。大豆製品や魚介類、野菜（漬物）、果物、海藻、きのこ、緑茶を積極的にとり、卵、乳製品、肉も食べすぎにならないよう適度に摂取。

第4は「調味料」。出汁《だし》や発酵系調味料（醤油、味噌、酢、みりん、酒）をうまく利用

表1　長寿食だった1975年型の食事「1週間のメニュー」

1日目

朝	昼	夜
トースト	チャーハン	ご飯
ベーコンエッグ	焼きぎょうざ	かれいの煮つけ
粉ふきいも		冷や奴
果物		かぼちゃの煮物
牛乳		キャベツとえのきの味噌汁

2日目

朝	昼	夜
レーズンパン	カレーライス	ご飯
オムレツ	フルーツヨーグルト	麻婆豆腐
ソーセージとキャベツのソテー		えびのチリソース炒め
果物		きゅうりの辛み漬け
牛乳		

3日目

朝	昼	夜
ご飯	ラーメン	ご飯
あじの干物		さわらのホイル焼き
あさりと小松菜の煮浸し		白和え
花豆の甘煮		かきたま汁
なすの味噌汁		

出典　東北大学大学院 都築毅准教授

4日目

朝
ご飯
さけの塩焼き
小松菜のピーナツ和え
納豆
豆腐とわかめの味噌汁

昼
きつねうどん
果物

夜
ご飯
豚のしょうが焼き
ポテトサラダ
玉ねぎと豆のスープ

5日目

朝
ご飯
あじの干物
納豆
さつまいもと小松菜の味噌汁
果物
漬物

昼
サンドイッチ
コンソメスープ
果物

夜
ご飯
筑前煮
ブロッコリーの辛子和え
白菜としめじのすまし汁

6日目

朝
トースト
オムレツ
グリーンアスパラと
ツナのサラダ
果物
牛乳

昼
牛丼
こんにゃくのピリ辛煮
豆腐と油揚げの味噌汁

夜
パン
シーフードグラタン
海藻サラダ

7日目

朝
ご飯
卵焼き
ひじきの煮物
さつまいもとしめじの味噌汁
漬物

昼
親子丼
きゅうりとわかめ
の酢の物

夜
ご飯
あじフライ
れんこんのきんぴら
焼きなす
大根の味噌汁

図10　健康的な日本食の特徴

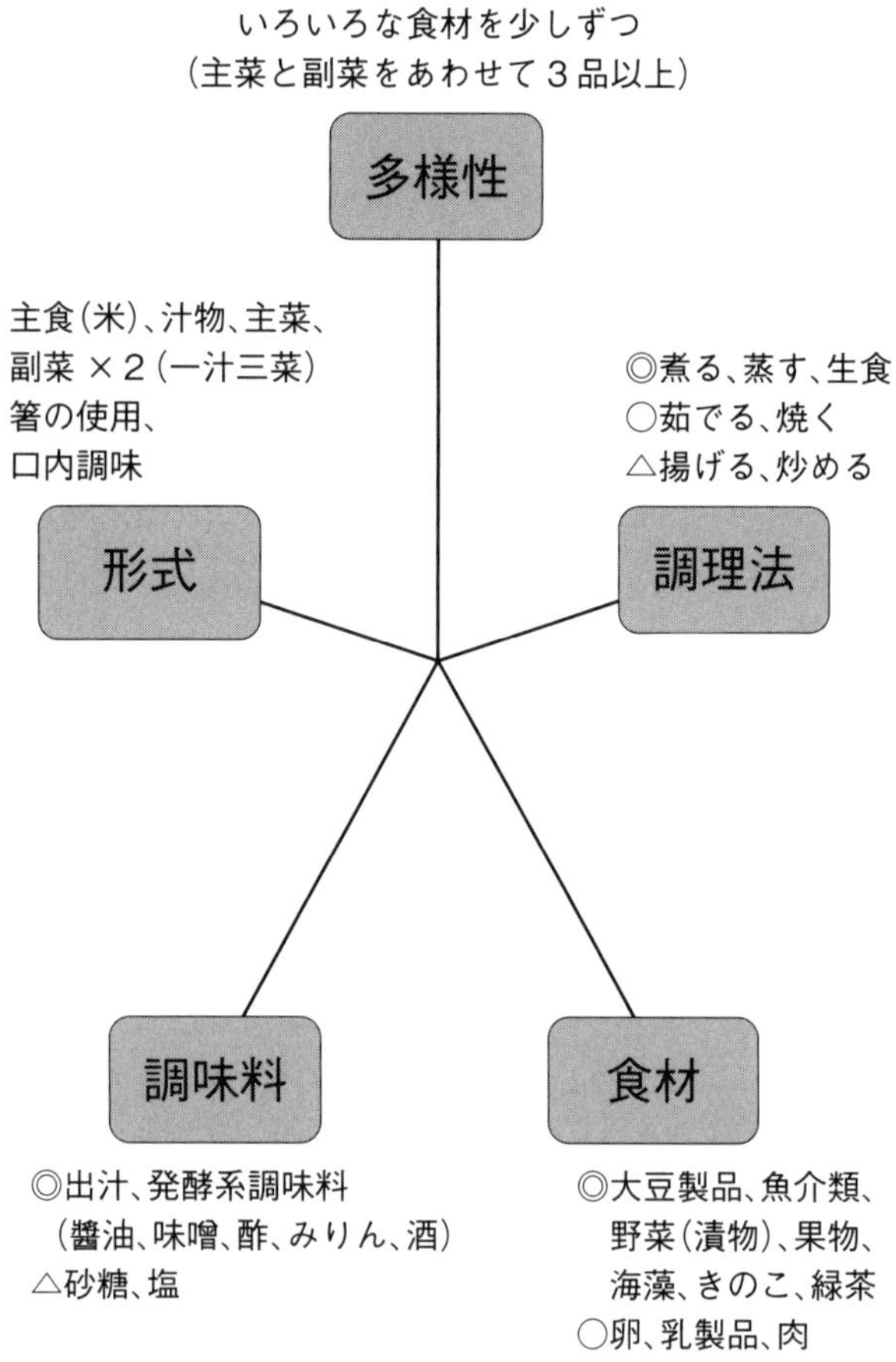

出典　東北大学大学院 都築毅准教授

し、砂糖や塩をとりすぎないように気をつける。

第5は「形式」。一汁三菜を基本として、主菜と副菜を合わせて3品以上が理想的。ご飯とおかずを一緒にとる口内調味は咀嚼回数が増え、食後の高血糖を軽減する働きが期待できます。

都築准教授は、健康長寿の達成に向けて気をつけるべきこととして、次のことを指摘しました。

「現代は、健康ブームとも言える流行がめまぐるしく、『○○が体によい』とか『△△が老化を防ぐ』という情報が流れると、瞬く間にスーパーの陳列棚からその食品がなくなる、ということが起こりがちです。しかしながら、たったひとつの食材、たったひとつの栄養素だけで、すべてをまかなえるものはこの世には存在しません。それどころか、体によいとされる特定の食品を偏ってとることが、かえって健康を損なう結果につながることもあり得るのです。『さまざまな食品をバランスよくとる』という基本が何よりも大切なのは、そのためなのです」

世界最高齢女性の好物は生肉と生卵

食生活にまつわるさまざまな研究結果をみてきて、まず頭に思い浮かんだのが、あの和菓子店を営むセンテナリアン、田谷きみさん（第1章）の食事です。研究者たちがあげた条件を満たす、まさに理想的な食生活でした。

ただし、私たちが出会ったセンテナリアンのすべてが、このような食生活を送っていたかといえば、決してそんなことはありません。

世界最高齢のダーツプレーヤーとして認定された、イギリスのジョージ・ハーネスさん、100歳。週に2回、バーに通い、深夜までダーツを楽しんでいます。夕食を食べ始めたのは夜10時を過ぎてから。シェリー酒を片手に、フライドポテトとソーセージをつまんでいました。「何時に食べるか、何を食べるかは特に気にしていない」と言います。

一方、長年こだわりの食生活を続けてきたセンテナリアンもいました。2017年4月に117歳で亡くなった、イタリアのエンマ・モラーノさんです（163ページの写真）。私たちが会ったのは116歳のころで、当時の世界最高齢でした。

20歳のときに医師から虚弱体質と診断されて以来、毎日、2個の生卵と生の牛ひき肉を食べ続けてきたと言います。ほかは野菜を含めてほとんど口にしようとしません。介護士が健康のためにと小麦粉をお湯で溶かしたスープを作っても、本人は気乗りしない様子。「これを食べたら、お肉を持ってきてあげるから」と説得されながら、やっとのことで食べていました。90年以上、飽きることなく食べ続けてきた生卵と生肉が、モラーノさんにとっていちばん心地よい食習慣なのでしょう。

「生涯現役」を貫き、医師として活動を続けてきた日野原重明先生。亡くなる直前まで、自分の力で食べること、飲むことへの強い意志を示していたと言います。

日野原先生が打ち出した健康長寿のポイントは「30歳のころの体重と腹囲を維持すること」。

それを実現するため、朝はオリーブオイルを大さじ1杯入れたジュース、大豆レシチンの粉を溶かした牛乳、バナナ1本、コーヒー1杯。

昼はクッキー2〜3枚と牛乳1杯程度とかなり軽め。

夜は魚料理を中心にしつつ、週に2回程度は脂身の少ないヒレ肉のステーキを。色のついた野菜をよく食べることを心がけ、一日あたりの摂取カロリーを1300キロカロリーにコントロールしていました。

一見、日本食とは異なるようにみえますが、日野原先生は20年以上こうした食生活を続け、自分の体に合ったものにしていったと言います。

世界の管理栄養士の合い言葉はハラハチブ（腹八分）

食べている物も食べ方も大きく違うセンテナリアンの食生活ですが、何か共通する法則のようなものはないかと注意深く取材していくと、少なくとも2点あることに気づきました。

ひとつ目は、「満腹になるまで食べないこと」。

適度なカロリー制限によって寿命が延びることは、サルなどの動物実験によって明らかにされて久しいですが、私たちが出会ったセンテナリアンはごく自然体でそれを実践していました。

前述したスペインで開かれた国際栄養士会議で、各国から集まった管理栄養士に「健康長寿の秘訣は？」と尋ねると、驚いたことに日本語の「ハラハチブ（腹八分）」という答えが何人かから返ってきました。暴飲暴食を避けようという私たち日本人の心がけから生まれたこの言葉が、今や健康長寿達成のための世界共通認識になっているのです。

肉や魚が慢性炎症と心身の機能低下を抑える

ふたつ目は、「動物性のたんぱく質をとること」。

どのセンテナリアンも量は多くありませんが、魚、肉、卵などをしっかりと食べているのが印象的です。

日本人の女性でしたが、朝から焼き肉を食べるのが日課、という方もいました。慶應義塾大学の百寿総合研究センターが行った調査では、魚をたくさん食べている人ほど、歩行速度が速く、炎症反応が少なかったという結果が出ています。魚に含まれるＥＰＡやＤＨＡといった脂肪酸に抗炎症作用があることは前述したとおりです。

また、きちんとたんぱく質をとることは、慢性炎症とともに高齢期の健康を阻害する要因となる「フレイル」と呼ばれる虚弱状態を避けるためにも重要だと言われています。

フレイルは、意図しない体重減少、疲れやすい、歩行速度の低下、握力の低下、身体活動量の低下など、心身の活力が低下した状態のことを指します。フレイルに陥ると、病気にかかりやすくなるなど、ストレスに弱い状態となり、要介護率、死亡率の上昇へとつながっていきます。フレイルを予防するためにも、たんぱく質を摂取して筋力を保つことはやはり欠かせないようです。

よく食べることで、よく動ける体を維持していくこと。このことが、健康長寿を達成するためにいかに重要であるかがみえてきました。次章では、慢性炎症を抑えるもうひとつのポイント、「運動」について考えていきます。

第3章
＊
老化を防ぐ「運動」
「微小循環」が認知症や介護リスクを下げる

世界最高齢スイマー、長岡三重子さんの活躍の秘密とは？

「男性が世界一長寿の村」で発見した身体活動

2016年8月。私たちが訪れたのは、イタリア・サルデーニャ島。地中海に浮かぶこの島は、ヨーロッパを中心に各国から観光客が集まる絶景のリゾート地として有名ですが、ここには、もうひとつの顔があります。実は、長寿のホットスポット、〝ブルーゾーン発祥の地〟でもあるのです。

「サルデーニャの暮らしをみれば、健康長寿を成し遂げるためのカギがすべてみつかる」センテナリアン研究の権威が集まる学会で、こうアドバイスされた私たちは、さっそく島に向かうことにしたのです。

一度でもサルデーニャ島を旅行したことがある人に島の印象を尋ねれば、おそらく誰もが真っ先に口にするのは「真っ青に透きとおった海」の魅力でしょう。しかし、センテナリアンが多く暮らしているのは、そうした海辺とはまったく異なる地域でした。

島の中心部を出発し、海を眺めることなく車で山道を走り続けること3時間。突如開け

カフェでくつろぐご長寿男性たちの姿がやけに目立つ山間の村。大発見は彼らの仕事や生きがいといった日常生活の中からみつかったのです

た眼前に現れたのは、急峻な崖に住宅がひしめき合うヴィラブランデ村でした。人口は3000人ほどだといいます。狭い道をなんとか対向車をやり過ごしながら進んでいくと、通り沿いのカフェでくつろぐ住民の姿がみえてきました。

驚くことに、みな男性ばかり。日本のカフェとは真逆の光景です。数人のグループでテーブルを囲み、エスプレッソを飲みながら談笑したり、トランプにいそしんだり……、平日にもかかわらずゆったりとした時間が流れています（上の写真）。

「この村の最大の特徴は、ご覧のとおり男性が元気なことです。センテナリアンの男女比は、なんと1対1。日本では男女比が1対9ですから、これがいかに驚異的なことか、あなたたちにもわかるでしょう。われわれの調査の結果、この村は世界でもっとも男性の長寿率が高いことがわかり、ギネス記録にも認定されたのです」

そう教えてくれたのは、ミシェル・プーラン博士。ベルギーの人口動態学者で、2000年から毎年サルデーニャ島を訪れるなど、世界各地のセンテナリアンの調査を続けています。そして、実はこの人が、長寿のホットスポットを〝ブルーゾーン〟と呼んだ名付け親なのです。

「当時、センテナリアンが局地的に多い場所を特定すると、たまたま持っていた『青いマジック』で、そのエリアを地図で囲っていったのです。それがブルーゾーン誕生の由来です。人々はサルデーニャ島を囲む青い海から連想して名付けたのだろうとか、ロマンチックなことを言いますが、本当は、実に単純でおもしろみのない理由なのです。でも、今となってはあのとき手にしていたマジックが青で本当によかったと思っていますよ。もし、あのとき赤や黒のマジックで書き込み、レッドゾーン、ブラックゾーンなんて名前になっていたら、イメージが急降下ですから（笑）」

島通いを続ける中で身につけたというイタリア語を駆使するプーラン博士は、随所に冗談を交えて島民や取材班との会話を盛り上げてくれる、陽気な研究者でした。

私たちはプーラン博士の調査に同行し、センテナリアンに共通するライフスタイルとは何なのかを探ることにしました。

ストレスがたまる身体活動では効果減

まず案内されたのは、93歳の男性が営むぶどう農園でした。10代のころから急峻な斜面をたったひとりで切り開き、島の特産であるワイン造りに欠かせない、カンノナウと呼ばれる種類のぶどうを無農薬で育ててきたと言います。

最近では新たに養蜂を始め、オーガニックな蜂蜜作りにも取り組んでいるんだと、誇らしげに作業の様子をみせてくれました。とても90歳を過ぎているとは思えない機敏な動きで、油断しているとあっという間に先に進んでしまいます。

「彼の歩くスピードをみてください。傾斜をものともせず、ああやって動き続けているのです。それも毎日ですよ。彼もきっと間違いなくセンテナリアンになるでしょう。重要なのは、100歳を超えたという『結果』をみることよりも、どういう暮らしをしている人がセンテナリアンになるのか、100歳に到達するまでの『過程』を知ることなのです」

そう言うとプーラン博士は、「この島の男性を語るうえで、もうひとつみせておきたい仕事がある」と続け、次の場所へと向かいました。


やってきたのは、先ほどのぶどう農園よりもさらに勾配のきつい丘陵地帯。車を降り、谷底に向かうように斜面を下っていくと、バケツを持った男性が遠くをみつめて立っていました。「彼がそうだよ」とプーラン博士がうなずくと、男性は視線の先に向かって大きな声を出し始めました。

「ネエ、ネエ、ネエ!!」

すると、この声に呼応してカランカランという音が遠くから聞こえてきます。崖下から姿を現したのは、首鈴をつけたヤギの群れでした。男性は一頭ずつ乳を搾っていきます。バケツがいっぱいになるたびに斜面を上り下りしていました。

サルデーニャ島では、古くからヒツジやヤギの放牧が盛んで、一年のうち半分近くを家族と離れて、牧草地を転々とする男性もいると言います。

彼らの行動を調査すると、一日に歩く距離は平均8キロあまり。その多くが傾斜地で、一時間あたり約490キロカロリーを消費することがわかりました。これは、1時間サッカーやラグビーをするのと同程度で、平地で普通に歩く場合の3時間分に相当します。さぞかし大変な重労働かと思いきや、「これほど満足な暮らしはない。体が動く限りいくつになっても続けたい」と、出会った男性はみな口をそろえます。

97歳になるヒツジ飼い、ミケリーノさんは、自身の人生を振り返ってこう語りました。「これまで考えられないほどの距離を歩き、遠く離れた家族のために一生懸命仕事をしてきたよ。澄んだ空気のもとで、きれいなわき水で作ったミネストローネと、ヒツジの乳で作ったペコリーノ・チーズ、それにワインがあれば、十分幸せさ。ときには、ショットグラスでグラッパ（蒸留酒）も飲むけどね（笑）」

プーラン博士は、クリーンな環境と、簡素だが新鮮な食べ物、活発な身体活動、住民同士の絆の強さ、それらのすべてがそろっていることが、島の人々をセンテナリアンへと導いていると指摘します。なかでも、世界のどの地域よりも、この島の男性が長生きである要因が、豊富な運動量を支える羊飼いのような仕事にあると言います。

「この島での仕事は、都会に暮らす人が週に数回ウォーキングをするのとはわけが違います。これだけの斜面を毎日何度も往復することによる運動の量と強度は相当なものです。それが、心臓や血管を強くし、筋肉や骨の新陳代謝に好影響を与えるのです」

「では、都市部に暮らす人たちが、健康長寿を実現するためにはどうすればいいのでしょうか？　サルデーニャ島のような暮らしを私たちに真似しろというのは、非現実的だと思うのですが……」

「ここを視察に訪れた人はみな同じことを言います。『自分にはとても無理』ってね（笑）。アメリカでは小規模な町や村で、住環境をこの島の暮らしに近づけるための再開発、ブルーゾーン・プロジェクトが進められていますが、大部分の地域ではそうしたことさえ不可能でしょう。では、毎日せっせとジムに通えばよいのか？　答えは、ノーです。いや、ノーとまでは言いませんが、それだけでは十分ではありません」

プーラン博士は、遠くでヒツジの群れを世話する男性に視線を送りながら、話を続けました。

「彼らにとって、体を動かすことは、それ自体が目的ではありません。ヒツジを飼うため、家族を養うため……その目的を果たすために行った、あくまで結果にすぎないのです。この差は意外と大きなものです。どのような差になって現れるか、それは『持続性』と『ストレス』です。65歳で定年を迎える私たちとは違い、彼らは85歳、90歳を過ぎても普通に仕事をしています。ということは、それだけの長期間、あの強度の運動量が継続されているのです。体を動かすことだけを目的に続けられるほど、簡単なことではありません。そして、何よりも彼らはこの仕事を苦痛に思っていません。やりがいを感じ、心から楽しんでいる。もし精神的なストレスがあれば、かえって寿命を縮めることになるでしょうし、そもそも仕事を続けることなどできないでしょう」

健康でいなくてはいけない、早くに死にたくない、そんな強迫観念にかられながら、眉間にしわを寄せてランニングマシーンの上を走り続けるのは、むしろ逆効果だよ、とプーラン博士は皮肉交じりに忠告します。

同じジム通いをするのでも、そこで出会った友達との親睦を深めるなど、何かを生み出すための運動であれば、より楽しく、ストレスなく持続することができるでしょう、そう指摘します。何をするかということ以上に、何のためにするかが大事、ということでしょうか。

そういえば、話は少し戻りますが、第2章でお伝えした食生活に関する取材でも、専門家は同じような指摘をしていました。

「これを食べなきゃいけない、これを食べてはダメ……と、厳格すぎるルールを自分に課すのは、かえってストレスをため込むことになる。ひとりでストイックな食事をするよりも、家族や友人と会話を楽しみながら食べるほうが食事の効果が出やすいことは、大規模研究からも明らかになっている」と。

ここからは個人的な私見になりますが、食事も運動も、「行為」（○○を食べた、△△の運動をした）と、「結果」（炎症の数値が下がったなど）のあいだには、何かブラックボックスのような不確実な変数が存在するのではないか、そんな気がしてなりません。それが、同一人物が同じ物を食べる、あるいは同じ運動をする場合でも、実施する条件によっては効果に差が出るという、方程式どおりにいかない人の体の不思議さにつながっているのではないでしょうか。

では、ブラックボックスの正体とは何なのでしょうか。これまでの取材をもとに考察を重ねていくと、それは「心のありよう」ではないか、というふうに思えてくるのです。第5章「老化を防ぐ『心の持ちよう』」では、こうした問題についても、科学的視点でアプローチしていきます。

医学に大革命を起こす「微小循環」の老化防止効果

サルデーニャ島での取材から1週間後、長寿地域を対象に行われた研究の最新結果がイタリアで発表されました。シンポジウムの会場となったのは、アッチャローリ。人口2000人のうち、300人がセンテナリアンであるとして注目された、あの町です。

イタリア、アメリカ、ドイツから集まった専門家が、入れ替わりで登壇し、研究成果を報告していきます。新たなデータがスクリーンに映し出されるたびに、会場は歓声と拍手で沸いていました。

なかでも大きな盛り上がりをみせたのが、アッチャローリに暮らす90歳以上の高齢者「スーパーエイジ」を対象に調査した、血液データの最新報告です。

99ページ上の図11は、血液中のバイオマーカーと呼ばれる指標を用いて、臓器の状態を測定した結果です。心臓、腎臓、ともに機能が悪化していることがわかりました。80歳未満のグループ、ほかの地域に暮らすグループ、それぞれと比較してみても、その差は明らかでした。長寿地域で元気に暮らす高齢者といえど、体内の臓器の状態は決して良好ではなかった、という結果に、会場内は静まり返りました。


ところが、発表者が次のスライドを映し出すと、その場の空気が一変します。

「これは、『微小循環』と呼ばれる機能を調べた結果です。ご覧のとおり、極めて優れた機能を保っていることがわかりました。これが、臓器の老化を打ち消すほどの役割を果たし、健康長寿の大きなカギを握っていることを、私たちは確信しました」

そのとき示されたのが99ページ下の図12のグラフです。長寿者の中には、20代の若者と

スーパーエイジ男性の調査結果

臓器の機能はよくないが元気の秘密は微小循環にあった

図 11　臓器の機能

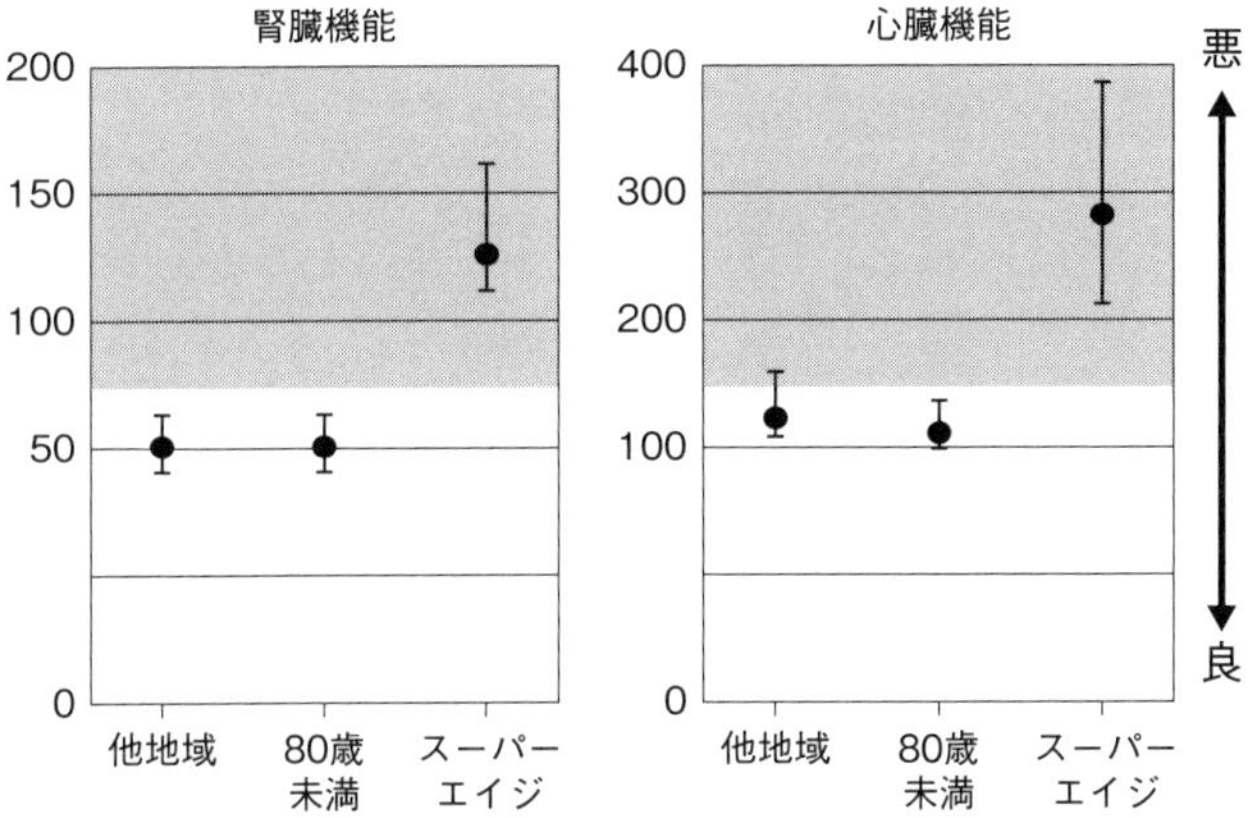

図 12　微小循環の機能

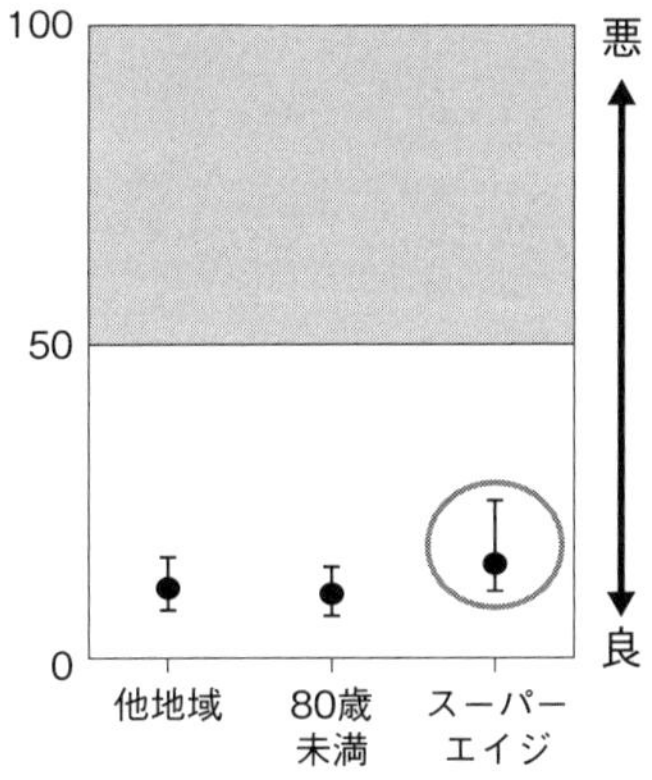

出典　Cilento on Aging Outcomes Study

同じレベルの微小循環機能を持っている人までいるという、驚きの結果でした。
シンポジウムの座長を務めた、ローマ・サピエンツァ大学のサルバトーレ・ディ・ソンマ教授は、聴衆を前に「これは医学に革命を起こす発見です」と手放しで称賛し、興奮を隠せない様子でした。

ところで、「微小循環」というあまり聞き慣れない言葉、これはいったいどのような機能のことを意味するのでしょうか。

体の血流は、「マクロ循環」と「ミクロ循環（微小循環）」のふたつに大別されます。マクロ循環とは、心臓から動脈などの太い血管を通る血流のことで、血流の根幹とされてきました。一方、微小循環は、全身に張り巡らされた毛細血管を流れる、目にみえないレベルの細かな血流のことを指します。

これを製造業にたとえると、工場で商品を生産し、それを運送業者が小売店まで運ぶ過程がマクロ循環、小売店から消費者に届けられるまでが微小循環、ということになります。ふだん私たち消費者は、生きていくために欠かせないさまざまな商品を小売店で購入しているわけですが、それと同じように、微小循環は、各細胞に必要な酸素や栄養素を行き渡らせる役割を果たしているのです。

運動する人ほど細胞のゴミが出ていく

そして今、微小循環が担うもうひとつの役割が注目されています。それは、臓器や細胞で作られたゴミを回収するという機能です。

ゴミ、と聞いてピンときた人もいるでしょう。体内に蓄積した老廃物、つまりゴミは、慢性炎症を引き起こす原因となります。ですから、微小循環の機能を保つことによって、ゴミが体内にたまることを防ぎ、慢性炎症を抑えることができるという、新たな可能性がみえてきたのです。

では、どうすれば良好な微小循環を維持することができるのでしょうか。研究チームが、カギを握る要因のひとつとみているのが、活発な身体活動です。

実は、研究の舞台となったアッチャローリも、サルデーニャ島と同様、勾配のきつい傾斜地が町のいたるところにあります。ここでもやはり、負荷の強い動きが求められる暮らしとなっているのです。こうした日常的な運動によって血流が活性化し、微小循環による酸素・栄養素の供給と老廃物の回収が速やかに行われるのではないかと考えられています。

今回の発表が与えたインパクトは予想以上に大きなものでした。シンポジウムに参加した医師たちからは、「従来の循環器系の研究では、心臓や動脈が優先されるあまり、微小循環が果たす役割については過小評価されてきた。これまでの考えを見直さなければならない」と自省する声が聞かれるほどでした。

研究リーダーのソンマ教授は、「優れた微小循環が維持されるためのメカニズムの解明は、まだ途上にある」と指摘します。運動だけでなく、この地域の人々が食べてきた地中海食にも、何か秘密が隠されているかもしれないと、暮らしの中に潜むあらゆる可能性を探ろうとしています。

世界最高齢スイマーの足腰を鍛えた古民家暮らし

ブルーゾーン研究のプーラン博士が指摘したように、日本で暮らす私たちが、サルデーニャ島のようなライフスタイルをそのまま実践することはなかなか難しいでしょう。では、日本のセンテナリアンは、どのような身体活動を続けてきたのか、特に印象に残った方、長岡三重子さんの暮らしぶりをご紹介したいと思います。

山口県に住む１９１４年生まれの長岡さんは１００歳で１５００メートルを完泳するなど、世界最高齢スイマーとして活躍するセンテナリアン・アスリートです（第3章扉の写真）。現在保持している世界記録は19種目に上ります。

それだけの人物であれば、もともと運動習慣があったのだろう、と思いきや、長岡さんが水泳を始めたのは、なんと80歳を過ぎてから。痛めたひざのリハビリとして泳ぎ始めたのがきっかけでした。

以来、週3回のプール通いを続け、数々の大会に出場してきた長岡さん。実際に取材して大きな気づきを与えてくれたのは、そうしたアスリートとしての側面よりも、日常の暮らし方にありました。

築150年を超える古民家でひとり暮らしをする長岡さんは、家業の卸問屋を切り盛りしながら、炊事、掃除、洗濯、すべての家事と畑仕事をひとりで続けてきました。買い物に行くのも、片道30分ほどかけて徒歩で通います。特に帰り道は、少なくとも5キロほどの荷物をリュックに入れて歩きますから、体にはかなりの負荷がかかるはずです。

家の中でも、敷地が広い分、何をするのにもとにかく歩き回らないといけません。家も昔ながらの造りのため、階段は高齢者が上り下りするにはあまりにも急です。

「現代のバリアフリーとは真逆の環境での生活。それがかえって母を元気で長生きにしてくれた」と息子の宏行さん（76）は言います。

サルデーニャ島のような傾斜地はないけれど、身体活動の強度と量は、十分それに値するような生活。年をとっても健康であるうちは、多少の不便さが身の回りにあるほうが、体にとってはよい影響をもたらすのかもしれません。

日野原重明先生も、今回の番組に出演した際、医師として病院内を移動するときや、講演活動で全国を回るときには、できるだけエレベーターを使わず、階段で移動することを意識していると話していました。

晩年、心臓弁膜症がみつかってからは、心臓への負担を減らすために車いすでの生活が中心になりましたが、できるだけ足腰が弱らないよう、筋力トレーニングやストレッチを続けてきました。

「私を待ってくれている人がいる。その人たちのために、命という与えられた時間を使いたい」

とつねづね話していた日野原先生。亡くなる4日前まで「体操がしたい」と口にし、もう一度講演に出られる体にするため、リハビリをすることを望んでいたといいます。

自分の使命を果たすため、懸命に体を動かす努力を続けていた日野原先生。最後の生き方を通してもまた、大切な学びを私たちに与えてくれました。

第4章

寿命※は遺伝か環境か

双子の研究で証明された環境の影響

寿命について大規模な調査がデンマークで行われ、その分析が健康長寿に生かされています

家族が短命だと長生きできない!?

ここまで、健康長寿のカギを握る慢性炎症をどう抑えるか、食事と運動を中心に、ライフスタイルのポイントについてみてきました。

しかし、果たして本当に日々の努力だけで健康寿命は延ばせるのか、まだ信じられないという方もいるのではないでしょうか。

実際によく聞かれるのが「長生きできるかできないかは、結局のところ遺伝で決まっているのではないか」という疑問です。

実はこれ、私自身にとっての疑問でもありました。父は60代、父方の叔父、母方の叔父はそれぞれ40代で病死し、遺伝的つながりのある近親者を早くに亡くした経験から、「自分はそう長くは生きられないのではないか」と感じてきました。ですから、寿命はいったいどれくらい遺伝要因の影響を受けているものなのか、確かめられるのであればぜひ知りたいと思っていたのです。

10万組の双子を追跡調査した大プロジェクト

この謎を解き明かそうと、古くから取り組んできた国があることがわかりました。ヨーロッパ北部のデンマークです。人口570万人ほどの小さな国ですが、世界で初めて全国規模での双子登録を実施し、一卵性、二卵性あわせて約10万組の双子の一生を追跡することを可能にしました。

寿命や老化について遺伝子がどれほど影響を与えているのか、それを調べるうえで、双子はもっとも適した対象だと言われています。一卵性双生児の場合は、遺伝子が100パーセント同じである（二卵性双生児の場合は50パーセント）ことに加えて、生きている時代も同じで、同じ時期に調査することができるからです。

子どものころは同じ環境下で暮らしていたとしても、進学、就職、結婚など、ライフステージの変化によって、おたがいの生活環境は徐々に違ったものになっていきます。ですから、双子の死亡年齢に差がなければ、寿命は遺伝要因が大きいと考えられます。反対に、寿命に大きな差が出た場合は、遺伝よりも環境要因のほうが大きな影響を与えている可能性がみえてきます。

１１１ページの図13は一卵性双生児を追跡調査した結果です。ひとつの点は、１組の双子を表しています。死亡年齢がふたりとも同じ場合、その双子を表す点はグラフ中央の線上に位置することになります。その見方を理解したうえでこの図をみてみると、寿命にはかなりのバラツキがあります。

たとえば、双子Aが１００歳まで生きた場合でも、もう片方の双子Bの中には、20〜70代の各年代で亡くなっているケースがあることがわかります。

この調査の結果、寿命を決めるのは、遺伝要因が約25パーセント、環境要因が約75パーセントであることが明らかになりました。生まれ持った遺伝子よりも、どのような生活を送るか、ライフスタイルのほうが寿命に大きな影響を与えることがわかったのです。

現代人の寿命は毎日6時間ずつ延びている

ただ、その一方で、遺伝の影響を無視できない現実もあります。図13をもう一度ご覧く

図13　双子の寿命（一卵性）

寿命を決めるのは、生まれ持った遺伝子約25％、
ライフスタイル約75％ということがわかった

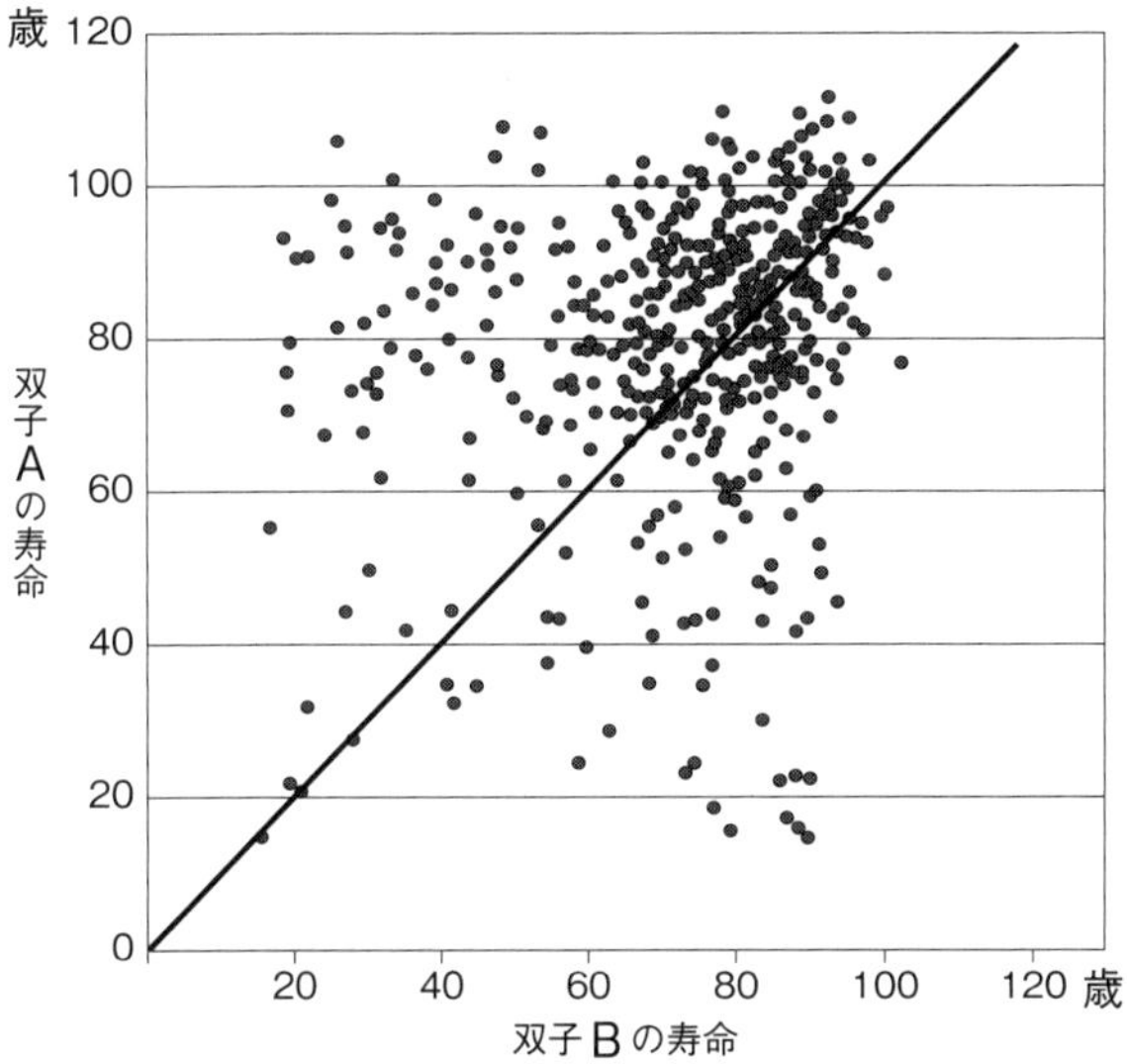

出典　The quest for genetic determinants of human longevity：challenges and insights

ださい。双子の死亡年齢が高齢であればあるほど、線近くに点が集まっているようにみえませんか。これは、おたがいの死亡年齢の差が少ないことを意味します。高齢まで生きた双子に対象を限定すると、寿命に対する遺伝要因は約50パーセントまで上がるという結果が出ています。

この事実を私たちはどのように受け止めればよいのでしょうか。長年、双子研究を続けている、南デンマーク大学のカール・クリスチャンセン教授に尋ねると、とても楽観的な答えが返ってきました。

「この結果は、私たちをとても勇気づけるものだと思っています。遺伝の要因はスタート地点のよし悪しにすぎません。トランプで最初の手持ちのカードがよくても悪くても、その後、上手にプレイできるかどうかが重要であることと同じなのです。実際、この150年のあいだに、人類の寿命は約40歳から約80歳へと2倍になりました。そして今も、世界の平均寿命は毎年3ヵ月延びています。毎年、1月、2月、3月をプレゼントしてもらっているようなものです。今夜6時間寝ても、寝たことになりません。なぜなら毎日6時間ずつ寿命が延びているからです。これだけ急激に延びているということは、寿命や老化について後天的にできることが数多くあるということです。今や誰もが長生きできる可能性を持っているのです。決して運命づけられているわけではありません」

一卵性でも年をとると似てこなくなるわけ

ここで、113ページの4枚の写真をみていただきたいと思います。

①〜④のうち、双子（一卵性双生児）の写真は、何枚あると思いますか？

①

②

③

④

①と②は一目瞭然で双子、③と④はどちらか迷う、といった感じでしょうか。

正解は、4枚すべてが双子、です。そして実は、ここに写っているのはいずれも同一の双子なのです。

双子の姉のインガーさん（写真④の左）と妹ドルテさん（同右）は、幼いころは見た目も性格もそっくりでしたが、年を重ねるごとに違いが現れるようになっていきました。63歳になった現在、ふたりは車で1時間ほど離れたところに住んでいます。それぞれの暮らしぶりを取材していくと、仕事、食事、趣味などそのライフスタイルに大きな違いがあることがわかりました。

［仕事］

インガーさんは、フリーのジャーナリスト。農業関連をおもなテーマにしていることもあり、外回りの取材活動が中心です。「自分の関心に沿って、自分のペースで働けるのが魅力」と言います。

ドルテさんは、更正施設で働くセラピスト。アルコールや薬物の中毒患者のメンタルケアを担っています。「仕事の意義ややりがいを強く感じる一方、患者たちと対峙し続けるストレスがとても大きい」と言います。

［食事］

インガーさんは、夫とふたりで自炊が中心。食事の内容は特に意識していることはなく、野菜、卵、肉、魚、何でも食べる。ただし、食べすぎには気をつけるよう夫婦で心がけています。

ドルテさんは、近隣の住民たちが当番制で食事を作る「コミュニティミール」が中心。ビュッフェ形式で好きな料理を選ぶことができ、大勢の仲間と食事ができる楽しさはあるが、仕事のストレスから、ついつい食べすぎてしまうのが玉にきずだとのこと。

［趣味］

インガーさんは、外で出合った美しい景色を水彩画にするのが大好きで、ドルテさんは室内で読書をするときが、心が落ち着くと言います。

ふたりとも口をそろえて「インガーのほうがストレスフリーで健康的、ドルテのほうが精神的負荷の強い生活」と話していました。このような長年のライフスタイルの差異が、どのような影響をもたらしているのか、具体的なところは定かではありません。しかし、初めてふたりに会った私たちも、インガーさんのほうが全体としてより若々しく感じられたというのが、正直な印象です。

そんなふたりですが、共通の趣味がひとつあるといって案内してくれたのは、海水浴場でした。水温20度に満たない冷たい海の中を、こちらの心配をよそに大喜びで泳ぎ回っていたふたり。インガーさんは、ドルテさんが満足するまで、にこにこ笑いながら一緒に泳ぎ続けていました。その姿に、おたがいに支え合う絆の強さもまた、健康を保つために欠かせないものではないかと感じました。

このように、双子であっても年を重ねるごとに見た目に違いが現れることについて、クリスチャンセン教授らは、平均年齢69歳の双子2000組の写真を解析し明らかにしました。

双子のうち、若くみえるほうと、老けてみえるほうに分け、第三者にそれぞれの年齢を推測してもらう、という実験を行ったのです。その結果、両者には10歳以上の開きがあることがわかりました。12年間にわたって追跡調査をすると、この「見た目年齢」の差は、死亡率の差となって現れたと言います。若くみえる人は確かに若く、老けてみえる人はやっぱり老いている、ということなのです。

長生きの人ほど寝たきりの期間が短かった

こうした双子研究の結果からも、寿命そのものは生活環境によって十分に変えられることがわかってきました。しかし、私たちにとってより気になるのは、「健康に長生きできるかどうか」ですよね。この問題についてクリスチャンセン教授はどう考えているのか、尋ねました。

「現代は、子どもの時代、大人の時代、老人の時代に分けられていますが、今そこに『第4の時代』が加わるのではないか、という声があがっています。第4の時代とは、人工的にただ生かされているだけの、寝たきりの時代ということです。寿命が延びるというのは、死にゆくプロセスがいたずらに延びるというだけなのではないか、そう不安に思う人たちがいるのは、私たちの国でも同じです」

そして、クリスチャンセン教授は「とても興味深い研究結果がある」と、あるデータをみせてくれました。

1905年生まれの93歳と、1915年生まれの95歳、ふたつの集団を比較した調査結果でした。クリスチャンセン教授は、生まれ年に10年の差があり、成育環境が異なるふたつの集団で、認知機能と生活の自立度を比較することにしたのです。

その結果を119ページの表2に示します。1915年生まれの集団のほうが、認知機能、生活の自立度、ともに優れていることがわかりました。測定時点の年齢が2歳上だったにもかかわらず、あとに生まれた集団のほうが、成績がよかったという驚きの結果でした。

「われわれの仮説は、10年後に生まれた人のほうが高い生活水準の中で暮らしてきたということです。教育環境、労働環境、栄養状態、あらゆる生活環境がより優れていたことが、超高齢期の健康状態にも影響を与えていたと考えています。現代のテクノロジーの進

表2 生まれ年が10年異なる90代の認知機能の比較

生まれた時代の生活環境の差が老化に大きく影響

認知機能	1905年集団（93歳）	1915年集団（95歳）
平均スコア（MMSE）	21.4	22.8
日常生活動作	1905年集団（93歳）	1915年集団（95歳）
平均スコア	1.8	2.0

出典 Physical and cognitive functioning of people older than 90 years : a comparison of two Danish cohorts born 10 years apart

歩があれば、こうした機能はさらに向上していくでしょう。今世紀に生まれた、新ミレニアム世代のふたりにひとりは、100歳以上生きられると予測されていますが、彼らは非常に優れた認知機能、身体機能をより高い水準で維持したまま、100歳に到達できる可能性が高まっているのです」

日本国内でも、「寿命の延び＝寝たきり期間の長期化」ではないか、という懸念の声がよく聞かれます。

少し古いデータではありますが、1997年に発表された調査結果によれば、「寝たきりになったあとの要介護期間は、高齢になるほど短い」ことが報告されています。

寝たきりになってから何年で死亡したのかを調べたところ、80歳以上で寝たきりになった場合には平均1年以内で死亡する一方、80歳以下では2年、それよりも若い年齢の場合では、3年過ぎてから死亡することがわかりました。

このことから、高齢まで介護を必要とせずに元気でいた人ほど、終末期から死にいたるまでの期間が短いことが推察されます。

最期をどう迎えたいかという問いに対して「ピンピンコロリ」で逝きたい、と答える人は少なくないと思います。健康長寿を達成できれば、おのずとその理想に近づくことができる、とも言えるでしょう。

センテナリアンに無病はいないが糖尿病は少ない

健康長寿のカギを解き明かそうと挑み続けている慶應義塾大学の調査からは、センテナリアンの意外な共通項もみえてきました。そのうち3つのポイントをご紹介します。

表3　100歳以上の人(センテナリアン)の病歴

ほとんどの人が何らかの病気を持っている

%

疾患名	総計	男性	女性
高血圧	61.6	60.0	62.0
骨折	46.4	24.6	52.3
白内障	46.4	40.0	48.1
心疾患	28.8	26.2	29.5
呼吸器疾患	20.9	24.6	19.0
脳血管障害	15.9	23.1	13.9
がん	9.9	18.5	7.6
糖尿病	6.0	4.6	6.3

出典　Takayama M, et al. J Gerontol A Biol Sci Med Sci 2007

[「無病」はいない]

前述のアッチャローリでのシンポジウムで、長寿地域で元気に暮らす高齢者でも臓器の状態は決して良好というわけではないと報告されています。

慶應義塾大学の調査では具体的な病歴について研究がなされていて、センテナリアンの97パーセントに何かしらの病気があることが明らかになりました。

上の表3がその病歴ですが、もっとも多い病気は高血圧で男女ともに60パーセントを超えています。次いで骨折、白内障となり、がんサバイバーも10人にひとりの割合でいることがわかりました。センテナリアンは病気知らず、というわけではないようです。

ただし、病歴の中でひとつ、顕著な特徴があることにお気づきでしょうか。糖尿病が6パーセントと、とても少ないことです。70代の糖尿病罹患率は15パーセント程度ですから、その差は歴然です。

体型でみても、肥満の人は少ないことがわかりました。一方、極端な痩せ型の人も少ないのがセンテナリアンの特徴です。加齢に伴って体重が減っていったというよりも、若いころから標準的な体重を保ってきたという人が多いそうです。

[ホルモン物質「アディポネクチン」が多い]

センテナリアンの糖尿病の少なさに関係しているのではないかとみられているのが、脂肪から血液中に分泌される「アディポネクチン」と呼ばれるホルモン物質です。

これは糖尿病だけでなく、動脈硬化を抑える効果も認められています。アディポネクチンは、脂肪細胞が肥大すると分泌量が減るため、内臓脂肪の多い人は少ない傾向にあります。調査の結果、センテナリアンのアディポネクチン血中濃度は、若年者の2倍高いことがわかりました。

アディポネクチンと長寿がどのように関係しているのか、詳しいメカニズムは明らかになっていませんが、病気を防ぐ「防御ホルモン」としての働きを持っている可能性が指摘されています。

［「誠実性」の高い性格］

性格の面でも共通項がみられました。性格を①神経症傾向（不安感）、②外向性（社交的）、③開放性（創造的・好奇心旺盛）、④調和性（思いやり・周囲に合わせる）、⑤誠実性（几帳面）の5項目に分けて調べると、ほかの年代と比較して明らかな特徴があることがわかりました。

男女に共通していたのは、「誠実性」の高さ。決めたことはきっちりやり抜く、意志の強さがある人が多いのだそうです。さらに、男性はマイペースで凝り性な性格、女性は外交的で面倒見がよい、といった特徴があるといいます。

性格もまた、寿命に与える影響についてはよくわかっていませんが、健康的な生活習慣をコツコツ続けられることや、知り合いが多く、楽しみを持って生きていることが、長寿に関係しているのではないかと考えられています。

平均寿命は延びても「最大寿命」は延びない!?

クリスチャンセン教授が指摘するように、人口統計学のデータからは、平均寿命100歳という時代が、現実に到来する可能性が高まっています。そのうえ病気の「防御ホルモン」の存在も明らかとなり、そうなると、世界のどこかで150歳、200歳まで生きるような人が現れるのでしょうか。

2017年8月、オランダの研究チームが「The oldest human does not any longer」というタイトルで、最新の研究結果を発表しました。過去30年間で死亡したオランダ人約7万5000人のデータを分析したところ、女性の寿命の最高上限は115・7歳、男性は114・1歳と推定されたというものです。

オランダでは、95歳に達する人の数はほぼ3倍になり、「平均寿命」は延びているものの、人間が生きられる限界、「最大寿命」そのものは変化していない、と指摘しました。

歴代の世界最高齢者をみていくと、確かにこの研究で発表された年齢にほぼ近く、時代とともに最高齢の年齢が変化している様子は見受けられません。唯一の例外は、122歳まで生きたフランス人女性、ジャンヌ・カルマンさんくらいでしょうか。

この発表を聞いて残念に思うか、ちょっとほっとした気持ちになるか、受け止めはさまざまだと思います。いずれにしても、今を生きる私たちの多くが、ヒトという生物が生きられる限界に向かって、着実に近づいている、それはきっと確かなことなのでしょう。

第5章

※

老化を防ぐ「心の持ちよう」

「健康長寿は気から」を最新科学が証明

マリリー・シャピロさん。15年前、88歳のときにコンピューターアートを始めました

105歳で老眼鏡もいらないNYの理容師

もしあなたが長生きの家系に生まれていなかったとしても、適切な食事と運動を日常生活に取り入れることができれば、健康長寿を達成できる。ここまで読むとそれがおわかりになったかと思います。ただ食事や運動の大切さというと、これまでもあまた言われてきたことではありますよね。

でもここからは、ずっとベールに包まれてきた、ある秘訣の登場です。それは、センテナリアンたちが実践している「心の持ちよう」です。古くから「病は気から」とは言われてきましたが、最新科学は「健康長寿こそ気から」だと、導き始めているのです。

では、いったいどんな「心の持ちよう」がよいというのでしょうか？　今からとっておきのセンテナリアンふたりを紹介しますので、そのヒントを探しながらお読みください。

「これまでにいったい何人の髪を切ってきたのかわかりません。こんなに長生きするとわかっていたら、数える気になっていたかもしれませんね」

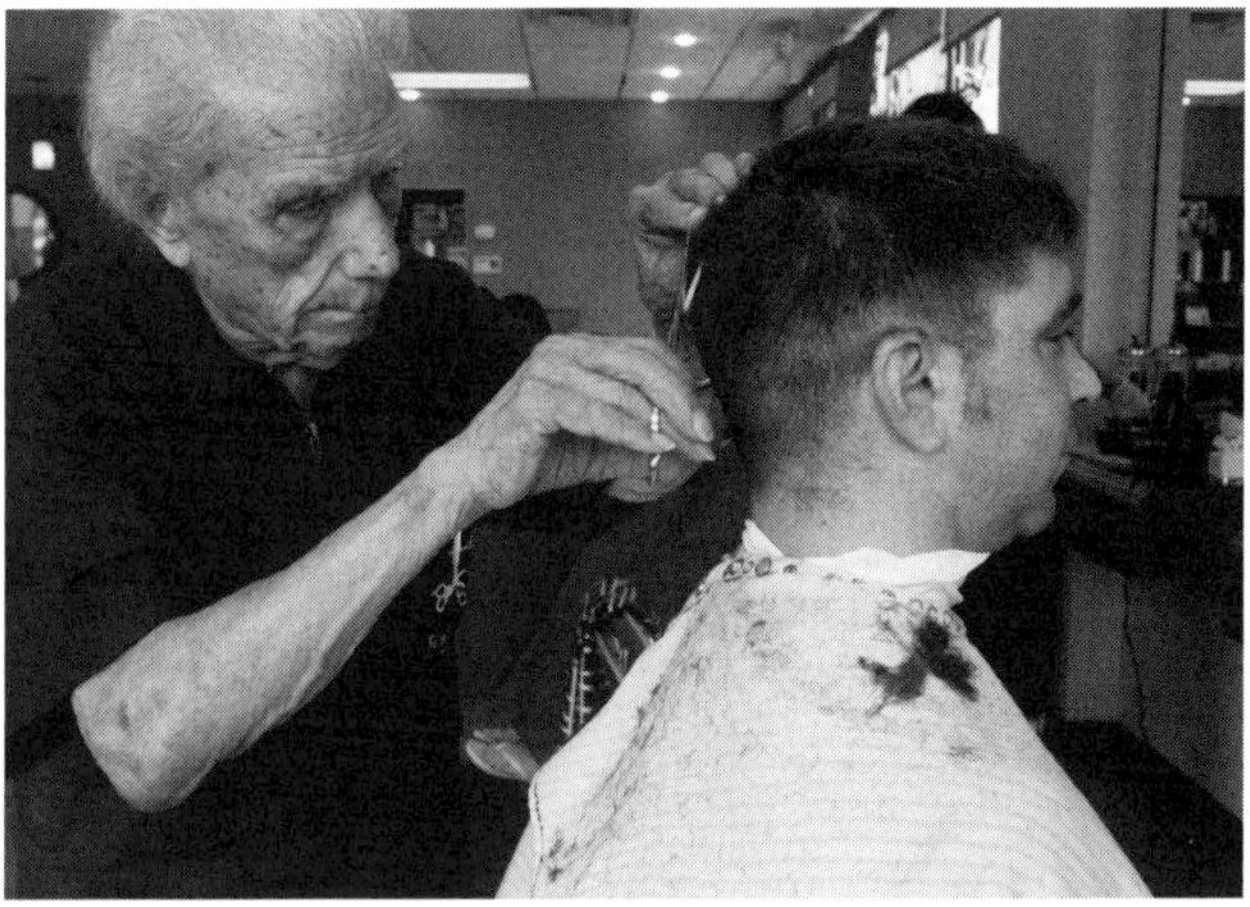

「人生に満足する」それだけが元気の秘訣と言う、105歳の理容師、アンソニー・マンシネリさん

アメリカ・ニューヨーク州に住む、アンソニー・マンシネリさん（上の写真）。第一次世界大戦後、8歳でイタリアからアメリカに渡り、あまり豊かでない家計を助けるために新聞配達をしながら、12歳という若さで理容師の仕事を始めました。

そしてなんと、105歳になった現在でも現役の理容師として、お客さんの髪を切り続けているのです。アンソニーさんは、世界最高齢の理容師としてギネスブックに登録されています。

週に5日、昼の12時から夜の8時まで、8時間のフルタイム勤務。髪を切っているあいだは当然立ちっぱなし。これだけでもとても信じられませんが、驚くべきことはまだまだあります。取材のため理髪店を訪れた私たちの前に、アンソニーさんは自分で車を運転して現れたのです。安定感のあるハンドルさばき、車庫入れもとてもスムーズ。何も知らない人であれば、まさか運転手が100歳を超えているとは想像もできないでしょう。

「誰かに送り迎えを頼むことはありません。周りの人たちは私に運転してほしくはないようで『まだ運転するの?』とよく聞かれます。そんなことを言ってくるのは、私よりも若い人たちですが、いろいろと体にトラブルを抱えて、運転できなくなっている。だから私の運転も危ないと思うのかもしれませんね。私の体は何の問題もありませんよ」

事実、アンソニーさんはメガネも必要なく、髪をカットするときも裸眼のままで仕事に支障はありません。

「アンソニーさんのハサミさばきは本当に安定しているよ。もちろん耳を切られたなんてこともないし、むしろ年をとるごとに安定感が増しているんだ」

長年アンソニーさんに髪を切ってもらっているお客さんが笑顔で話すと、アンソニーさんも笑いながら返します。

「目には不自由していないし、痛みもありません。『メガネをかけないの？』と心配してくる人がいれば、私はこう言います。『メガネはお年寄りのためのものですよ』とね」

「人生に満足する、それだけです。ほかに秘訣はない」

唯一飲んでいる薬は血液をサラサラにするためにアスピリンを一日1錠だけで、体の調子は働き始めたころから何ひとつ変わっていないと感じるアンソニーさんですが、両親や兄弟姉妹は、みな若くして亡くなってしまったそうです。アンソニーさんひとりだけがそれほど元気なのは、何か秘訣があるのでしょうか。

「私は何か正しいことをしているので、これだけ長く生かされているのでしょう。神様の気に入るような正しいことをしていて、そのご褒美に長生きさせてもらっているのでしょう。神様は『生きていることに感謝し、人生を楽しみ、満たされなさい。それがすべてですよ』と言っているのだろうと感じます。そうです。人生に満足する、それだけなのです。ほかの秘訣はありませんよ。先に亡くなってしまった家族みんなにもこの秘訣を教えてあげたかったですね」

アンソニーさんは、毎日たくさんのお客さんと会い、会話を楽しみ、お客さんの喜ぶ顔をみることに、大きな満足感を覚えてきました。12歳から90年以上ハサミを握り続ける中で、それがそのまま生きる力につながっていると確信しているようです。

「引退するつもりはありません。この仕事をやれるだけ続けます。いろいろな人と話をして、髪を切るのを楽しむ。仕事を続けることで健康も保つことができます。この仕事を辞めて、家でじっとしているだけなら、老けてしまうでしょうね。動かずにじっと座って、ご飯を食べて一日が終わる。働くよりも気楽かもしれませんが、私はそんな日々をすごしたいとは思いません。それでは、すぐに死んでしまうのではないでしょうか」

話をしているときずっと笑顔を絶やさないアンソニーさん。ひょっとすると、アンソニーさんはどんな状況でも明るく、くじけない精神を持っているのかしら？　とも思いましたが、そんな単純ではありませんでした。取材の最中、アンソニーさんは涙をみせることがありました。奥さんの写真をみせていただいたときのこと。

「妻と出会ったのは、私が19歳で彼女は14歳か15歳のときでした。それからずっと文通を続けました。私がつきあったのは彼女が最初ですし、彼女にとっても私が初めておつきあいする男性でした。おたがいに初めての人だったのです。彼女は私を好いてくれ、私も彼女が好きで、すべてがうまくいきました。そしておたがいの好意は愛情以外の何ものでもないものへと変わっていきました。そして私たちは結婚をしたのです。すばらしい妻で、私にとってこれ以上は望めない伴侶でした。ですが、彼女は12年前に亡くなりました。私は毎日、彼女のことが恋しくて思い出しています。できれば戻ってきてほしいです。いなくなってほしくなかった。彼女のために、毎日、神に祈ります。私はもちろん、今も一日一日をゆっくり楽しんでいますが、正直昔ほどには楽しいと感じません。今も彼女が一緒にいてくれたらどんなにいいだろうと毎日思っていますし、毎朝、出勤前、彼女に会うためにお墓へ行くんですよ」

アンソニーさんは奥さんの写真を肌身離さず持ち歩いています。料理が得意だった奥さんにはかなわないと思いながらも、１００歳を超えた今でも、自分で食事を作ります。

妻に対する愛情は、亡くなったあとも深まり続けている。その妻がいない現実に、毎日押しつぶされそうになっている。それでもアンソニーさんが健康に暮らすことができているのは、理容師という生きがいを持っているからなのです。

103歳でデジタルアートを発表するマリリー

もうひとり、アメリカ・ワシントン州に住むアーティストのマリリー・シャピロさんを紹介しましょう（第5章扉の写真）。マリリーさんと私たち取材班は、取材の申し込みのやり取りをEメールで行いました。

マリリーさんは現在、コンピューターと画像加工ソフトを用いた作品を手がけています。この紹介だけみると、ずいぶん若い人のようにも思えますが、マリリーさんももちろんセンテナリアン。103歳の現役アーティストなのです。

マリリーさんがアート活動を始めたのは20代前半。アーティストだった姉の影響を受け、粘土造形からアートの道に入りました。それ以降、絵画、彫刻……実にさまざまな分野で作品を創り続けてきました。その理由について尋ねると、

「103年も生きていますと、いつまでも同じことをやっていられませんからね」

と笑って答えてくれました。

マリリーさんがコンピューターを使ったアートを始めたのは、88歳のとき。将来的に必要になると考えてのことだそうです。

「もちろん、彫刻などとはわけが違いますから、いきなりコンピューターを使いこなせたわけではありません。そこで、学校に通うことにしました。個人レッスンも受けましたよ。私はクラスのほかの生徒たちよりも少なくとも65歳は年上だったので、普通の授業だけではマスターできなかったでしょうから」

――これまで経験した分野では、今できることをやり切ったのではないか、同じようなことをくり返しやりたくない――コンピューターでの創作を始めてみると、その可能性に「吹き飛ばされそうなほどの衝撃を受けた」というマリリーさん。興味は尽きるどころか、とめどなくあふれだします。

取材の1年前、マリリーさんは創作に行き詰まりを感じていました。今度はデジタルカメラを手にしました。100歳を超えるまでデジタルカメラを扱ったことがなかったマリリーさんですが、未経験の分野にチャレンジしたいと、最近コンピューターのときと同じようにレッスンを受け始めています。今では写真を撮影するために外に出かけることに毎日ワクワクしています。

「自分で歩いていって撮影するときは、公園など限られた範囲でしか活動できません。でも、誰かと車に乗って移動すれば話は別です。だからたまには遠くに連れていってもらっていますよ。（シャッターを切るとき）手が少し震えてしまうので、三脚を使わないとダメですけど……今はコンピューターで画像をぶれさせる加工もはやりですから、アーティストの本能で震えているのかもしれません（笑）」

「自分のしていることを徹底的に楽しんできた」

私たちはマリリーさんの創作の現場もみせてもらいました。溶かしたろうを型に入れるようなアナログな作業から、スキャナーも自在に操るデジタルの作業まで。マリリーさんの手つきはきびきびとしていて、お世辞ぬきに年齢を感じさせません。

ペースメーカーを埋め込み、数種類の薬は飲んでいるものの、創作意欲に満ちあふれ、とても健康そうにみえるマリリーさん。その姿をみればみるほど、１００歳を超えているようには思えません。特に食事制限もなく、友人とレストランに行ったときには、ワインも1杯注文します。マリリーさんの家族も同じように長生きなのでしょうか。

「母は92歳まで生きました。一日1箱たばこを吸っていたきょうだいのひとりは95歳まで生きましたね。でも、同じくヘビースモーカーの父は56歳で亡くなりましたけど」

飛び抜けて長寿の家系ということでもなさそうです。では、マリリーさんが若さを保ち、生き生きとしている秘訣はどこにあるのでしょう。

「うまく言えませんが、毎朝起きる意味を持つということでしょうか。自分のしていることを徹底的に楽しんできました。これからやりたいこともあります。アートを心から楽しんでいますし、まだまだ続けたいと思う。生きている限り続けられることを願っています」

アンソニーさんと同様に、マリリーさんも引退など考えたことがないようです。

「これからも気楽に、思い悩むことなくアートを楽しみたい。アートは私の人生そのものですから」

アーティストとして長い長いキャリアを持つマリリーさんは、これからもすばらしい作品を創り続けることでしょう。

生きがいのある人は死亡リスクが20パーセント低い

お客さんの喜ぶ顔が人生の喜びだというアンソニーさん。次々と新しい手法を身につけながら、一貫して創作を続けるマリリーさん。ふたりに隠された健康長寿の秘訣はわかりましたか。それは、強い生きがいを持っていることです。

もちろん生きがいが「ある」ほうが、生きがいが「ない」よりはいい人生だろうけれども、あくまでも精神面に限った話では……。そう考える人もいるでしょう。しかし、精神状態こそ、肉体の健康状態に圧倒的な影響力を持っていることが、科学的な研究からも明らかになってきているのです。

2016年にこのような論文が発表されました。人間が持つ「生きがい」が寿命や病気とどのような関連があるかを調べた研究です。日本とアメリカの13万6000人を約7年追跡した結果、高い生きがいを持っている人は、生きがいがあまりない人と比べて、死亡するリスクが20パーセント低かったというのです。

なぜ心の持ちようと、健康長寿が関係あるのか。その科学の最先端をひた走る研究者がいます。カリフォルニア大学ロサンゼルス校医学部のスティーブン・コール教授。もともとは心理学者、つまり文系の出身ですが、人の心と体の関係をより深く理解するために、医大に入学し、医学の博士号も取得したスペシャリストです。コール教授はこう解説します。

「ポジティブな感情や、生きがいを感じることは長寿につながる。つまり、『健康で長生きすること』と、『よい感情を抱いたり、人生の目的や意義を意識すること』、このふたつのあいだには相関関係があるということです。死亡率のリスクが精神状態によって左右されることもわかっています」

なぜ「満足感」が健康長寿のカギなのか

コール教授による最新の研究により、精神的に満足することが、私たちの体にどのように影響を与えているのか、より詳しくわかってきました。

それは20～80代の男女の被験者を集めて行ったこんな研究です。

まず、日々の幸せや人生での充実感、今の自分が好きかどうか、日常で得られる達成感などについて質問しました。これは、本人がどんな「満足感」を覚える傾向があるかを解析するための心理調査です。さらに、回答者の血液を採取し、分析。その結果、満足感と慢性炎症とのかかわりを示す遺伝子が浮かび上がってきました。その名は「CTRA遺伝子群」。

あらゆる人間の体内に存在しており、53種類の遺伝子で構成されています。健康長寿の大敵、慢性炎症をコントロールする役割を担っています。

遺伝子というのは、体内において常に活動しているわけではありません。何かをきっかけに、それまで働いていなかった遺伝子が活性化（遺伝子の発現）され、体に影響を与えるさまざまな物質を生成します。

ＣＴＲＡ遺伝子群は、平常時は緩やかにしか働いていません。ところがストレスを受けるとその働きが強まり、慢性炎症を進めてしまうことが以前から知られていました。精神的なストレスを感じると、脳から指令が出され、それがもとで炎症を引き起こすホルモンが体内に放出されるのです。このホルモンは脳にも働くため、体だけでなく、脳にも炎症が起こると考えられます。

今回のコール教授の研究では、満足感を得ると、逆にＣＴＲＡ遺伝子群の働きが弱り、慢性炎症が抑えられることがわかったのです。そう、心が満たされることが、健康長寿の大きなカギになるのです。

要注意！　満足感にも「悪いタイプ」がある

ところが……、現実はそう単純ではありませんでした。

「高いレベルで満足感を覚えているのに、どういうわけか、遺伝子の状態がよくない人もいたのです。満足感の違いに遺伝子はとても敏感だということがわかりました」

コール教授がさらに研究を進めると、CTRA遺伝子群の思わぬ特性がみつかりました。一見同じように満足感を得ているにもかかわらず、反対に慢性炎症が進んでしまうケースがあったのです。

コール教授は、満足感の種類によってCTRA遺伝子群に及ぼす影響が異なるのではないか。教授がさらに分析を進めた結果、どうやら「慢性炎症を抑える〝よい満足感〟」と「慢性炎症を進める〝悪い満足感〟」の2種類に分類できることがわかってきました。では、コール教授による分類をみてみましょう。

慢性炎症を進めてしまう「快楽型の満足感」

慢性炎症を進め、健康長寿の敵となるのは、「快楽型の満足感」です。これは、自分の欲求を満足させることが目的の満足感です。この場合、CTRA遺伝子群は、満足感を得ているにもかかわらず、何日間も強いストレスを受け続けたときと近い状態になっていました。次に具体例をあげます。

[食べたいだけ食べる]

ありますよね。これ以上食べたら後悔するとわかっていても、ついつい手が伸びてしまうこと。「食べ放題だから元をとらないと」と、たくさん食べて心を満たそうとしたり。お腹いっぱいになっているのに必要以上に食べてしまうのは、自分の「食欲」を満たすためです。すると慢性炎症を進める結果になります。過度な美食に走るのも同様です。

[買いたいだけ買う]

ストレスがたまったときにたくさん買い物をしてしまったり、高級な商品を買ってストレス発散してしまうことはありませんか。大安売りという言葉にひかれて、必要のないものまでついたくさん買って満足したりしていませんか。

「物欲」を満たすことで満足感を得がちな人、あなたの体内はＣＴＲＡ遺伝子群が活性化しているでしょう。

［性欲におぼれる］

自分の欲求を満たすためだけに性交渉したり、性的なサービスを受ける店に通うことで満足感を得てばかりいると、慢性炎症が進んでしまう傾向があります。

性欲は、人類が子孫を残していくために必要なものですし、性交渉は人間同士の大切なコミュニケーションでもありますが、自分の欲求ばかり優先していると、こうしたネガティブな側面もあるということです。

［お手軽な娯楽で満足する］

映画をみたり、遊園地に行ったり、高級スパに通ったり。こうした受け身で相手から与えられるばかりの満足感は、手軽ですが度が過ぎるとＣＴＲＡ遺伝子群の状態が強いストレスを受けているのと同じになるといいます。

もちろん、娯楽を楽しむことはストレス発散にもなりますし、文化でもありますから悪いことばかりではないのですが、注意が必要です。

慢性炎症を抑える「生きがい型の満足感」とは

一方、「快楽型の満足感」に対して健康長寿の実現に欠かせないのが、「生きがい型の満足感」です。自分のことだけを考えるのではなく、世のため人のために生きること、社会に貢献する「生きがい型の満足感」を得ることが健康長寿に結びついていたのです。

人生における目的や意味を感じていることがカギになってきます。具体的にみていきましょう。

[社会のために働く]

世の中をよくするために一生懸命働く。自分の仕事が、社会や人々の幸せにつながっていると理解し、意義があることだと信じ、働くことで満足感を覚える。和菓子店の田谷さんや、理容師のアンソニーさんなど、私たちが会ったセンテナリアンにはこういうタイプの方が多かったのです。

［家族を大切にする］

夫や妻、子どもたちと一緒にすごす時間を楽しみ、幸せを感じること。家族という存在を、自分の人生における大切な目的だと感じている人は、慢性炎症レベルが低く抑えられている傾向があるのです。もちろん祖父や祖母、孫たちとの時間も同じです。人と人のつながりから満足感を得ているということでもあります。

［ボランティア活動］

自分の時間や労力を、誰かのため、社会のために無償で使うことで満足感を得ている状態。これは、自分の欲求を満たすことが目的となっている「快楽型の満足感」とは正反対ですよね。ボランティア活動の中身はあまり重要ではありません。カギになるのは、人や社会の役に立つことが自分の人生の目的だ、と感じられているかという点です。

今回の取材でお会いした、慢性的な関節痛に悩んでいた90歳近い女性から、ボランティア活動を始めた途端、不思議とその痛みが消えたという体験談もお聞きしました。

［アートなどの創作活動］

前述の103歳のマリリーさんがこの典型と言えます。アートというと、自分の表現したいものを創るという点で、一見、自分の欲を優先させる「快楽型」と思われるかもしれませんが、これも生きがい型に分類されることがわかっています。アート作品を通して、人や社会に何かを伝えられる、つながれるという満足感が関係しているのではないかと推測されます。絵画であろうと彫刻であろうと写真であろうと構いません。

この分類をみると、「なんで食事や買い物が健康長寿に悪いんだ」という声が聞こえてきそうです。食事だって、買い物だって、生きていくために欠かせないことですし、おいしい食事が幸せな人生に必要なのは疑いのないことです。

そのとおり、この分類を読み解くポイントがあります。私たちが日常生活でさまざまな行動をとる際の「動機」によって、慢性炎症が抑えられたり、悪化したりするということなのです。ひとつひとつの行動そのものではなく、あなたが快楽型と生きがい型、どちらのタイプの満足感を得やすいかによって、CTRA遺伝子群の状態が真逆になるということとなのです。

具体例で考えてみます。あなたが買い物で満足感を得たとしましょう。そのとき大切なのは、何を買ったかではなく、買い物をした動機なのです。

「私はこれが欲しい！」とか「ストレス発散のため」とか、自分の欲望を満たすことが動機になって買い物をしたのか、「あの人にこれをプレゼントしたい！」というように人を喜ばせるための買い物だったのかで、遺伝子の状態が変わる、ということなのです。

……なんだか、中学校の道徳の授業のようなむずがゆい話になってきました。四六時中「生きがい型の満足感」を得よう、聖人のような生き方をしろ、ということでもありません。人間ですもの、お腹いっぱい食べて満足したっていいと思います。それに、無理にやりたいことを我慢しすぎることによる「ストレス」も体に悪そうです。

コール教授もこう言っています。

「重要なのは、生きがい型の満足感と、快楽型の満足感のバランスにあるのではないでしょうか。調査では、たとえ満足感が全体的に低いレベルの人であっても、その大半が生きがい型から得られている場合、ＣＴＲＡ遺伝子群は好ましい働きをしていました。逆に、生きがい型の行為をしていたとしても、それで満足感を得ていない人は、CTRA遺伝子群の状態はよいものではありませんでした」

人はだませても、自分の心はだませません。大切なのは、ほかの人や社会に対しても「満足感」を得られる利他的な心を養うことです。

「生きがい」を持ち続けるヒント

しかし、なぜ、精神的なものであるはずの生きがいが、慢性炎症と密接にかかわるのでしょうか。コール教授はこう指摘します。

「人類は社会的な集団生活を行い、生き延びてきました。つまり、人間の脳や神経は、社会とつながり、助け合うように生物学的にプログラムされていると考えられるのです」

そして、コール教授によれば、人間の生活から、知らず知らずのうちに、生きがいが失われていくのは、ふたつのパターンがあるそうです。

ひとつは、仕事からの引退です。

職場で仲間と助け合い、サービスや製品を向上させ、人々の生活をよりよいものにする。仕事を通じて、技能の上達や社会、文化に貢献することによって得られるほどの生きがいは、家にこもってテレビをみたり、ちょっと買い物に出たりするだけでは感じられないのです。

もうひとつは社会との交流パターンが変化すること。

年をとるにつれ、外出して人を訪ねるのが億劫になり、地域社会の人々とすごす時間が減少したり、友人や知人が亡くなることもあるでしょう。それにより、活発な社会との交流が難しくなってしまいます。

「私の研究は、まだ初期段階にあり、年配者に人生の目的や意義といった生きがいをどうやって感じてもらえばいいのか、明確にはわかっていません。しかし、多くのアイデアが提起され研究されつつあります。たとえば年齢を重ねることにより得られる知恵を利用し、若い世代をサポートすることがあげられます。他人を助けることは生きがい型の満足感の源です。年配者が指導者やパートナーとして、若い人と一緒になって地域社会や事業で活動する。あるいは芸術などの創造的な行為も、生きがいを感じるのに好影響だと考えられます。創作を通じて、周りの人によい影響を与える経験は、大変価値のあることです」

なるほど。どうやら、アンソニーさんも、マリリーさんも、特に意識をしないうちに、生きがいを感じやすい生活を送っていたようです。そのことが、おふたりの健康長寿に寄与しているのは間違いないようです。

次々解明される「心の持ちよう」の秘密

コール教授は最後にこうつけ加えます。

「難しいのは、『相関関係』ではなく『因果関係』があるかどうかをはっきりさせることです」

精神的に満足していることが、体にも作用し、寿命を延ばす可能性がある一方、逆の見方をすれば、健康で長生きできているからこそ、満足感を覚えているのかもしれない。同じように、あまり満足であると感じていないから病気になるのか、病気になったことで、満足感や目的意識が低下しているのか。「相関関係」があったとしても、どちらがどちらの原因になっているのかという「因果関係」についてては、まだまだ研究の途中とのこと。

心と健康長寿の因果関係のメカニズムを知るには、脳と遺伝子の相互関係を解き明かすことが必要になってきます。ですが脳の仕組み、遺伝子の仕組み、どちらも極めて複雑。そして今まさに世界中の科学者たちが解明に向けて研究を進め、次々と新しい事実が判明しつつある分野なのです。

番組に出演した、日本の老化研究の第一人者、京都大学名誉教授、先端医療振興財団・先端医療センター長の鍋島陽一先生もこう語ります。

「単に病は気からという言葉で片付けられるような時代ではないですね。われわれの気持ちや日常的に感じていることを含めて、精神活動を（科学的に）理解すべきときが来ているのでしょう。必要以上に食べたり、無駄な買い物をしてしまったときの精神の状態が、体にどういうふうに作用するのか。逆に、『生きがい型の満足感』を得るような行動をとったときはどうなるのか。今後、研究が進むことで、その違いはよりはっきりするのではないでしょうか」

生きがいと健康長寿の関係を、科学がすべて解き明かすのにはもう少し時間がかかりそう。ですが、日野原重明先生は、自らの体験から、その密接な関係を確信していました。

「心の持ちようというのは、とてもわれわれの健康に強い影響を与えますね。私はこの年になって、もっともっと人のために何かいい影響を与えることができないかということを、いつもいつも思い続けている。そう思い続けているということが、健康上、長寿上、大切だと思いますよ。100歳を超えても、毎日医師として忙しく働き、全国を飛び回って講演活動も行っています。体力的には負荷ですよ。しかし、私はね、そういうことをすることで生きがいを感じる。生きがいというのはね、人間の中の大切なものであって、生きがいを本当に感じる人と感じない人は、同じことをやっても違ってくると思いますからね。生きがいを感じるような生活をみなさんもされることを、私は心から勧めたいと思っております」

さらに続けて日野原先生は、「はじめに」で紹介した言葉をとおし人生のゴールについて述べました。

「みなさんに紹介したい言葉があります。マルティン・ブーバーという哲学者の『新しいことを創《はじ》める思いがある限り、人はいつまでも若くいることができる』、その言葉が私を生かしているんです。私にとってのゴールは『プロダクティブ・エイジング（生涯現役人生）』に尽きます。そして、もっともっと『キープ・ゴーイング』、歩き続けなくちゃいけない。進み続けなくちゃいけない。それを若い人に言いたい。あなたたちはもっと歩き続けなさい」

第6章

脳の幸福力「老年的超越」

脳が80歳からポジティブになる

過去のさまざまな思い出を語りながら、今がいちばん幸せと実感する宮川俊子さん（コラージュ）

世界のセンテナリアンから返ってきた同じ「答え」

「そもそも長生きって幸せなんだろうか?」今回の取材で、この問いがずっと頭の中にありました。長生きしても不幸なのだとしたら、それは目指すべき姿ではないと思ったからです。

みなさんの中にも100歳を超えて長生きすることに対して、こんなふうにネガティブにとらえている人は少なくないのではないでしょうか。

「自分が90歳とか100歳とかまで生きたとして、明るくすごせているイメージがわかない」「若いころと比べて、自分でできることはどんどん減っていくんだから、生きていても楽しくない」「家族や友人に先立たれ、話が合う人がいなくなって孤独」「長生きと幸せは別物。むしろ長生きするほど不幸になりそう」などなど。

たとえ健康なままセンテナリアンになれたとしても、若いころと比べれば、体も頭も衰えていくのは事実。気心の知れた人も次々と亡くなっていきますし、自分の子どもに先立たれたセンテナリアンも珍しくありません（100歳まで生きていれば子どももかなりの高齢です）。

みなさんご存じの『ガリバー旅行記』。主人公のガリバーは不死の国を訪ねていますが、その中でお年寄りは年をとっても死なず、今でいう認知症が進行して話もできないという暗い姿で描かれています。

でも、こうした長生きにつきまとうネガティブなイメージが、お年寄りたちの精神に分け入っていくと大きく覆ります。そこには、なんとも不思議で魅惑的な世界が広がっているようなのです。

日本、アメリカ、ヨーロッパ、中国、と世界各地のセンテナリアンを訪ね歩いた今回の取材で、私たちはセンテナリアンに会うたびに、必ずある質問をぶつけることにしていました。

「100年という長い人生の中で、いつがいちばん幸せでしたか？」

どんな答えが返ってきたと思いますか？

10～20代の青春時代？　働き盛りの30～40代？　子育ても仕事も終わった老後？

いえいえ、正解は……、

「今がいちばん幸せ」

そう、100歳を超えた今こそ人生の絶頂だと言うのです。

しかも驚くことに、お会いしたセンテナリアンたちは、そろって同じ答えだったのです。

一世紀という長い人生です。楽しく幸せな時間を数え切れないほど重ねてこられたことでしょう。住んでいる地域も、すごしてきた人生も、健康状態もみんなバラバラです。それなのに、取材で出会ったアメリカのボーリング選手も、日本の介護施設に暮らす女性も、中国の山奥に暮らす長寿兄弟も、イタリアのサルデーニャ島に暮らす男性も、全員が「今がいちばん幸せ」だなんて……。

さすがに私たちもすぐには納得できません。もう少し詳しく知りたいと思い、重ねてお願いをしてみました。

「これまでの人生で、幸せ度がどう変遷してきたか、グラフを描いてもらえませんか」

握力が弱って、ペンを持つ手がぷるぷる震えてしまうセンテナリアンも多かったですが、趣旨を理解してもらい、協力していただくことができました。すると、これまた不思議な共通項が浮かび上がってきたのです（161ページの写真）。

60～70代までの、比較的若いころの幸せ度は、人によってバラバラ。ほとんど幸せを感じてこなかった人や、かなり波がある人、あまり変化がない平坦な人など。それが80歳ころから幸せ度が上がり始める人が増え、100歳に近づくとぐんぐん上昇します。そう、長生きすればするほど、どんどん幸せになっていくというのです。

「今がいちばん幸せ」と語る世界最高齢のエンマさん

第2章で紹介したイタリア人のエンマ・モラーノさん（163ページの写真）は、私たちが取材に訪れたとき、世界最高齢の116歳でした。1899年に生まれた彼女は、19世紀を経験した最後の人類でした。

若いころは歌やダンスが好きで、頻繁に外出する社交的な女性だったエンマさん。ただ、100歳を超えたあたりから体が衰え始め、今では歩くこともできず、ほとんど寝たきり。家から一歩も出られない状態がもう14年間も続いていました。それを聞くだけで、気が滅入りそうに思えます。

ところが「人生の中でいちばん素敵な思い出はなんでしょう」と尋ねると、こんな答えが返ってきました。

「今ここにいて、独り身でいることがいちばん幸せです」

外出することが大好きだったのに、家から出られず、一日のほとんどをベッドで寝てすごしている。それが人生でいちばん素敵な思い出。しかも、116年という長い人生の中

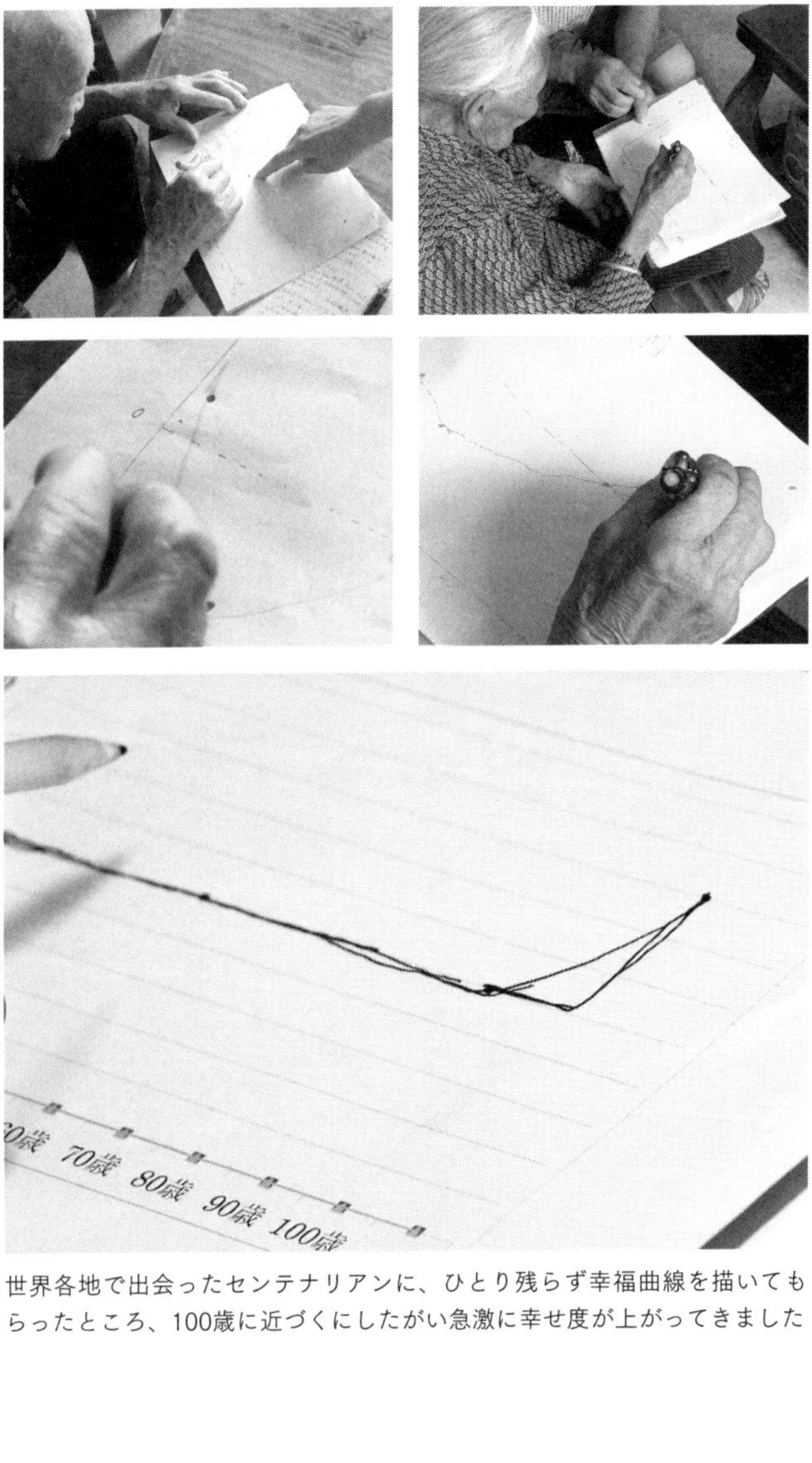

世界各地で出会ったセンテナリアンに、ひとり残らず幸福曲線を描いてもらったところ、100歳に近づくにしたがい急激に幸せ度が上がってきました

で。そんなこと、あり得ないのでは……。そんな疑問も一瞬頭をよぎりました。

ですが、エンマさんが「私の人生はまだまだこれからよ」とこれから先の人生をポジティブに話したり、「あなたの瞳は素敵ね〜♪」とイタリア語で自慢の美声を披露して楽しそうにしている姿を眺めているうちに、ああ、本当にそんな境地なんだろうなと、自然と思えるようになっていきました（取材の後しばらくして、エンマさんは誰よりも長い生涯を終えました。とても穏やかな最期だったとのことです）。

センテナリアンたちにみられるこうした心理的な特徴は、「老年的超越」と呼ばれています。それは、決して特別な人だけに起こるものでないことが、最新のセンテナリアン研究からわかってきました。

若い人よりも高齢期のほうが幸福度が高くなる

「最近、世界中でセンテナリアンが急増しており、高齢者の研究が盛んになってきまし

2017年、117歳で亡くなったイタリアのエンマ・モラーノさんも、「今」に幸せを感じるひとりでした

た。そして、若い人よりも高齢期のほうが幸福感が高い、という研究結果が、いろいろな国で報告されているんですよ」

そう話すのは、高齢者の心理状態を研究している大阪大学の権藤恭之准教授です。

「たまたま人に頼まれて『長生きすることは幸せなのか』ということを、データをもとに分析する機会がありました。100歳以上の方たちは寝たきりだったり自由に動けない方が多いのですが、そんな状況でも幸福感が高いという結果が出ました。これは不思議だなと感じたことがきっかけで、高齢者の幸福感について研究を行うことになりました」

権藤准教授は、東京都健康長寿医療センター研究所、慶應義塾大学と共同で、これまで3000人を超える高齢者の調査をしてきました。心理状態だけでなく、身体機能や認知機能まで含めて詳細に分析。その結果、高齢者の不思議な特徴を発見したのです。

人の身体機能や血液の栄養状態、認知機能の年齢による変化をみてみると、70歳から80歳までの変化は緩やかですが、90歳になるまでのあいだには、がくんと低下します。

ところが、心理的な側面に注目してみると、逆の変化が起こっています。ポジティブな感情や、人生に対する満足感は、70歳から80歳までのあいだ、そしてそれから90歳にいたるまで、徐々に高くなる傾向があるのです。この傾向は、90歳を超えても当てはめることができると考えられます（165ページの図14）。

80歳くらいで起きる「老年的超越」の変化とは

体の機能が年とともに衰えていく一方で、精神的な健康はむしろよくなっていくか、保たれる。高齢者に起きるこの一見矛盾するような現象は、「エイジング・パラドックス

図14　年齢による心理的変化

体は衰える反面、人生への満足感が上昇

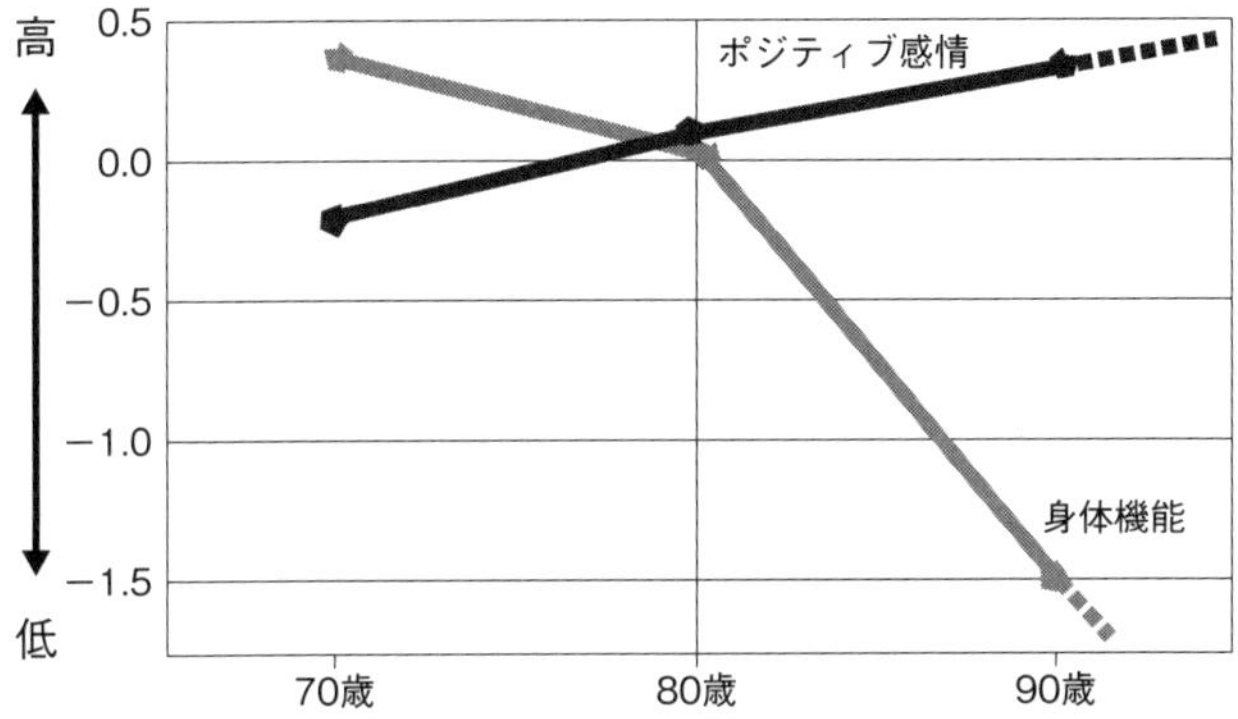

出典　権藤恭之『日本老年医学会雑誌（2014）』より一部改編

（Aging Paradox）」と呼ばれ、世界中で報告されるようになっています。ただ、どうしてエイジング・パラドックスが起きるのか、その背景についてはまだ諸説あり、まさに最前線の研究分野です。

その中で権藤准教授がとりわけ注目しているのは、「老年的超越」と呼ばれる心理変化です。

老年的超越。いったいどういうものなのでしょうか？

もともとは、スウェーデンの社会老年学者ラーシュ・トーンスタム博士が提唱し始めた概念で、「年をとるにつれて、目の前の〝現実世界〟から、頭の中の〝精神世界〟に重きを置くようになる変化」のことです。ちょっとイメージしづらいですよね。どんな変化なのか、具体例をあげてみます。

▽お金や物への欲求が消えていき、その代わりに人への感謝の気持ちが大きくなる。
▽これまで見栄や外見を人一倍気にしていたのに、自分をよくみせようとする「こだわり」がなくなる。
▽昔はおしゃべりが大好きだったのに、ひとりでいても孤独を感じなくなる。
▽家族を亡くしたり、体が弱ったりといったつらい現実を前にしても、「あるがまま」にポジティブに受け入れられる。
▽昔の出来事を、まるで今、起きているかのように感じられるようになる。
▽先祖とのつながりを強く感じるようになる。死ぬのも怖くなくなる。

「こだわりがなくなる」とか「あるがままを受け入れる」とか、まるで仙人や悟りを開いた仏様を連想してしまいますね。

老年的超越とはこうした考え方、もののとらえ方の変化が、加齢とともに増していくというものです。この変化は、80～90歳にかけて顕著になっていくといいます。変化する程度には個人差がありますが、誰にでもみられる現象だと考えられています。

権藤准教授の調査では、老年的超越が強まるにつれ、「幸福度」も上昇するという関連性がみえてきました。そのため、老年的超越が、高齢者の幸福度の上昇を起こしているのではないか、と考えられているのです。

ひょっとすると、老年的超越って認知症の影響なのでは？　と考える人もいるかもしれません。でもそうではありません。権藤准教授が行っている老年的超越の研究においては、事前に行う認知機能テストによって認知症の高齢者は対象とならず、老年的超越と認知症は区別されているのです。

また、老年的超越により精神的な変化が生じた人であっても、一年ぶりに権藤准教授と会ったときに、前回話した内容をちゃんと覚えていたり、通常の受け答えができる。そのため「認知症の症状でも本人が幸せを感じるようなものがあるが、そう考えるのは適当ではない」ということです。
私たちは、実際に権藤准教授の調査に同行させてもらいました。

悲しい出来事でも老年的超越の引き金になる

その日、権藤准教授が訪ねたのは、100歳の宮川俊子さん（第6章扉のコラージュ写真）。1年前に家族と離れ、介護施設で暮らすようになりました。この1年間で、老年的超越が一気に強まったということでした。

足腰が弱り、車いすに乗っている宮川さんに、自分の今の状況をどう受け止めているか、権藤准教授が質問します。

権藤准教授「年をとるにつれて、自分自身が役に立たなくなると思いますか？」

宮川さん「そうね、何をしてもとろいし。シャカっとせないけないと思っても、できないし」

表4　老年的特徴を分類

尺度	精神的変化	具体例
「ありがたさ」「おかげ」の認識	自己の存在が他者により支えられていることを認識することにより、他者への感謝の念が強まる	よいことがあると、ほかの人のおかげだと思う 周りの人の支えがあるからこそ私は生きている
内向性	ひとりでいることのよい面を認識する、ひとりでいても孤独を感じない、外側の世界からの刺激がなくとも肯定的態度でいられる	ひとりで静かにすごす時間は大切だ
二元論からの脱却	善悪、正誤、生死、現在過去という概念の対立の無効性や対立の解消を認識する	私の気持ちは昔と今を行ったり来たりしている もう死んでもいいという気持ちともう少し生きていたいという気持ちが同居している
宗教的もしくはスピリチュアルな態度	神仏の存在や死後の世界、生かされている感じなど、宗教的またはスピリチュアルな内容を認識する	生かされていると感じることがある ご先祖様とのつながりを強く感じる
社会的自己からの脱却	見栄や自己主張、自己のこだわりの維持など、社会に向けての自己主張が低下する	過去のことにこだわらなくなった
基本的で生得的な肯定感	自己に対する肯定的な評価やポジティブな感情を持つ、また生得的な欲求を肯定する	振り返ってみると、「自分はよくやってきた」と思う 自分の人生は意義のあるものだったと思う
利他性	自己中心的から他者を重んじる傾向への変化が生じる	人の気持ちがよくわかるようになった 昔より思いやりが深くなったと思う
無為自然	「考えない」「気にならない」「無理しない」といったあるがままの状態を受け入れるようになる	できないことがあってもくよくよしない 細かいことが気にならなくなった

出典　増井幸恵、権藤恭之ほか『老年社会科学（2013）』より一部改編

学術調査とはいえ、なんと失礼なことを聞くのでしょうか。こちらがハラハラする中、質問は続きます。

権藤准教授「生きていても仕方がないと思うことはありますか？」
宮川さん「そんなことは別に思いませんね」
権藤准教授「この2週間、明るく楽しい気分ですごせましたか？」
宮川さん「私はのんきやから、何でも楽しい」

権藤准教授から「失礼な質問」を投げかけられてもびくともしない宮川さん。それどころか質問内容をはねのけるような回答を次々と返していきます。

権藤准教授「今の暮らしはどうですか？」
宮川さん「この介護施設がいい。いつまでもここにおりたい」

実は宮川さん、1年前、家族と離れて入所してきた直後は、家に帰りたいと泣いてばかりいました。それが今では、満面の笑みです。一見、ネガティブな状況でも、あるがままに受け入れることができるのは、老年的超越の度合いが高い人の特徴です。

これまでの経験から、老年的超越は、50代ぐらいから加齢に伴って徐々に進んでいくけれども、何かつらい状況やネガティブな出来事がきっかけで、一気に進むこともあるのではないかと考えています。宮川さんは、この施設に入ったことがそのきっかけとなったと権藤准教授はみています。

足腰も目も衰え、好きだった散歩も、読書もできなくなってきた宮川さん。周りからは、ひとりでぼーっとしてたり、孤独で寂しそうにみえることもありますが、本人はそうではないんだそうです。

「ひとりが好き。小さいとき、女学校行ってたとき、結婚したとき、終戦、戦後……いろんなこと考える。宝塚にあこがれたの、私。だから、学校終えて、高松から船に乗って天保山に。朝、天保山に着いたら、そこから、デパートへ連れていってもらって、ささやかな買い物をして、それで宝塚へ。歌劇みて、天津乙女さんとか小夜福子さん、そらもう宝塚ってきれいでよかった……。あ、ブロマイド買ってきてね、言うて頼まれてたな……」

はるか昔の出来事ですが、まるで今体験したばかりのような、ありありとした話しぶりに、権藤准教授も私たちも一気に引き込まれていきます。続いて終戦時の経験も思い出し始めました。

「北朝鮮の平壌っていうとこ。陸軍監査でおりました。ちょうど、私の会社出たとこに道ひとつ隔てたとこにNHKの放送局がございました。小高いこんな丘のとこにアカシアの木に囲まれたとこで……（涙を流し始める）……しかし、戦争に負けたらどんなに惨めかいうこと。日本軍の兵士たちがソ連に抑留されていくのを目撃しました。私たちは野宿やし、食べ物がないから、原っぱに生えている草を食べました。……（涙をさらに流す）……船が博多に到着し、一歩踏み出したときには、ようやく生きて帰れたなぁと」

人生の大切な一コマ一コマを、時空を越えて自由自在に、そして何度でも追体験しているようです。老年的超越の心理状態になると、ひとり寂しくすごしているかにみえるお年寄りも、実は頭の中では充実した時間をすごしているようです。

長生きをすると、こんなすてきな時間がプレゼントされるのだと初めて知りました。

宮川さんは2017年7月、101歳の生涯を閉じました。「前まで死ぬのが怖かったんだけど、なんか今は怖くなくなってきた」と笑顔で語ってくれた姿が思い出されます。

高齢になっても発達し続ける人間の心

これまで権藤准教授は、数多くの老年的超越による心理変化を目のあたりにしてきました。

ある人は、自分の顔がすごく嫌いで、ぶさいくだと感じていた。ところが、年をとってくるとみんなしわだらけになるので、以前の悩みはどうでもよくなった。

またある人は、若いときから高級和菓子しか買わず、安物なんて食べる気にもならなかったのに、今はスーパーで売っている安い和菓子も、それはそれでおいしく食べられるようになった。

「年をとると、しわが増えて、目がみえにくくなったり、配偶者が亡くなったり、いろいろとネガティブなことが多いように思えます。しかし、高齢者は、実際のところ、そんなに不幸に感じずに生活をされている。今まで当たり前のようにできていたことも、できなくなっていく状況を絶望せず、受け入れて日々を楽しくすごしていけるようになる。人間の心のあり方とか、幸せのあり方というのは、若いときから徐々に変化をしていき、高齢期になっても、ずっと発達し続けている。そんなプロセスがそこに表れているのではないでしょうか」

お年寄りのことをもっと知り、理解することは、世界に先駆けて超高齢社会が到来する日本にとって「処方箋」になるのではと権藤准教授は考えています。

「将来を悲観しながら長く生きることはつらいだろうけど、長生きをしたら幸せになる自分がいると思えば、長生きすることも悪くないかなと感じることもできますよね。日本の高齢化の進展をみてみますと、認知症の方が増えるとか、寝たきりの方が増えて大変だとかネガティブなことばかりが取り上げられがちです。そして介護を受ける高齢者が増えていることは、介護者の負担はとても大きなものだと思います。ですが、高齢になるにしたがって、幸福感が高くなっていくことがわかれば、状況が変わるのではないでしょうか。介護する家族も自分が、若かったときと同じように完璧にお世話してあげようと思うと大変ですが、お年寄りはあるがままの状態を受け入れられたり、ひとりの時間も楽しくすごしていることを知れば、負担を感じることも減ってくるのではないかと思います」

年をとると「ポジティブ脳」に変化する

高齢者が感じる幸福感は、なぜ年齢とともに上昇するのか。それを脳科学の視点から解き明かそうとしているのが、南カリフォルニア大学のマラ・マザー教授。認知神経科学が専門です。

「20代の人ならすごく腹を立てるようなことが起こっても、高齢者の場合は『まあ、仕方ないわね』と、それほど不機嫌にはならず、そのことに固執することはありません。ですから、何か悪いことが起こったとしても、そこからの立ち直りが早いのです。生涯のうちで、いちばんゆううつな時期は、高齢期ではなく、思春期の終わりごろ、20代前半なんです。その話をすると、私の生徒たちはとても驚きますね」

マザー教授が注目しているのは、脳の「前帯状皮質」という部位です。ここは、人間の

「感情」を司っています。記憶力や認知機能は、基本的に年齢とともに低下しますが、前帯状皮質は、高齢になっても若いころとあまり変わらずにいるのです。

それは、前帯状皮質が心臓の心拍数を司る機能を持っていることと関係しているそうです。心臓が動いて生きている限り、人間の「感情」は最後まで保たれる。高齢者にみられる独特の精神状態は、こうした高齢者の脳に起きる変化に由来するのではないか。マザー教授はそう考えたのです。

高齢者の感情はどのように変化するのでしょうか。マザー教授が実際に行ったユニークな実験をみてみましょう。

数枚の写真の中に、みた人がよいイメージを抱くであろう写真と悪いイメージを抱くであろう写真を入れておきます。

前者は「かわいいウサギ」「孫を抱くおじいちゃん」など。後者は「お墓」「ゴキブリののったピザ」などです。これらの写真を、若者と高齢者にみてもらい、その内容をどれだけ覚えているかを調べました。

高齢になると記憶力や認知機能は低下する。だから、若者と比べて、高齢者は単純に成績が悪くなるだけ。そんなふうに結果を想像するでしょう。しかし、実際はもう少し複雑な結果になりました。

若者は、よい印象の写真も、悪い印象の写真も、同じように記憶していました。一方、高齢者は、よい印象の写真をよく記憶し、悪い印象の写真はあまり記憶しないという傾向が現れたのです（179ページの図15）。

「高齢者だからネガティブなものごとに気づく能力が失われているというわけではありません。高齢者であっても、若者同様、ほかの刺激に比べると脅威やネガティブなものによ り早く気づくことがわかっています。高齢者はネガティブなものごとに気がついたうえで、あえてほかのことに注意を向けていたのです」

死を意識することで、人間の心が発達

マザー教授は、もうひとつ、興味深い心理実験を行っています。

若い人と高齢者が交じったふたつのグループをつくります。片方のグループには「人生で残された時間は6ヵ月だけですが、その6ヵ月間は健康にすごすことができる」と考えてもらい、別のグループには「医学の発展のおかげで、120歳まで健康に生きられるようになった」と考えてもらう。どちらのグループも亡くなるまでに、健康上の問題がないという条件は一緒。異なるのは、人生で残された時間のみです。

さて、それぞれのグループに、先程と同じように、よい印象、悪い印象の写真をみてもらい、どれだけ記憶しているかのテストを行うと、結果はどうなるでしょうか。

高齢者も若者も120歳まで生きられると言われれば、その人たちはよりポジティブな写真を覚えているのでは？　逆に、「6ヵ月しか残されていない」と言われた人たちは、ネガティブな気持ちに近いものを選ぶのでは？　そう予想してしまいそうですが、実際は逆でした。「人生で残された時間は6ヵ月だけ」と想定した人たちのほうが、ポジティブな写真を記憶している率が高かったのです。

この実験からマザー教授は次のように考えました。

図15　高齢者はよい印象を多く記憶

よい印象の写真・悪い印象の写真、
どちらが多く記憶に残ったか

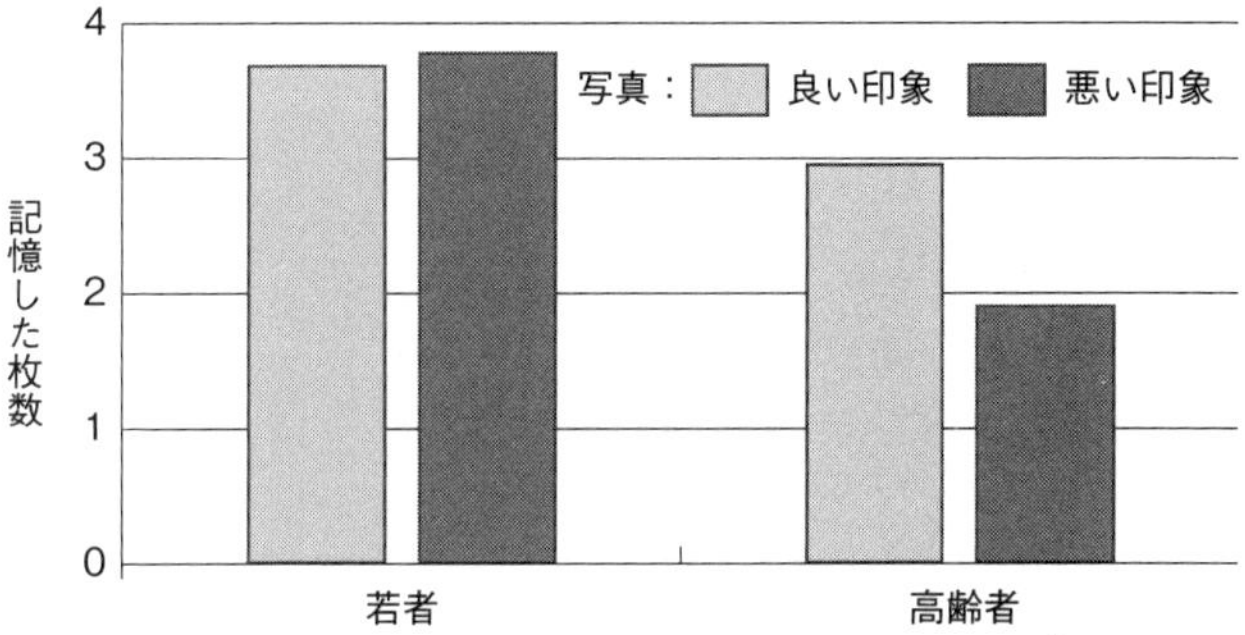

出典　南カリフォルニア大学 マラ・ラザー教授

最期が近づき、残された時間が限られていると認識した人は、自然とものごとに対する考え方が切り替わる。残された少ない時間内で必要なこと、すなわち、将来に向けた投資よりも、大事な人とすごすといった、心の安寧を得ることをやらなければならない状況が考え方をシフトさせるのではないか。

「『自分の死』は快くない話題です。しかし、予測しがたいことに、それが感情にポジティブな影響を与えている。時間が限られているとわかると、残された時間がより貴重なもののように感じられ、楽しかったときの心の状態に、いっそうフォーカスするようになるのです。『人生の最期が近づき、残された時間が限られている』。脳がそう認識することにより、自然とポジティブなものに感情を寄せていくのです」

マザー教授は、インタビューの最後に、宇宙飛行士を例に「老年的超越」の話をしてくれました。

「大気圏外から地球をみた宇宙飛行士の多くが、それまでの自己中心的な考え方から、自己を超えたような考え方、つまり、私たちはみなつながっているのだと認識する、という話があります。『老年的超越』も、人生のある段階に差しかかったときに、もうしばらくすると、自分は地球上にはいなくなるんだと考えるようになり、自己中心的ではない、達観したものごとのとらえ方に変化していくのだと思います」

日野原重明先生が番組に出演してくださったのは105歳のとき。年をとるにつれて、「老年的超越」のような心境の変化は確かに起こるのだと教えてくれました。

「人生を振り返ると、つらいことがたくさんあって、どうしようかと悩むこともありました。しかし、100歳を超えてからの人生はまったく違ってきた。ポジティブなものが生まれてくる。心が豊かになって、今日も明日も生きようとする大きな力が与えられているとみなさんに申し上げたい」

どうやら私たち人間には、人生の終盤を豊かで幸せにすごす力が、確かに備わっているようなのです。最後に、本書の「プロローグ」で尋ねた質問をもう一度。

「あなたは長生きしたいですか？」

エピローグ

小笠原卓哉

健康長寿の秘訣を世界のセンテナリアン研究に学ぶ。その目的で始まった今回の取材は、結果的に食事、運動、遺伝、心の持ちよう、老年的超越と、さまざまな分野に広がっていきました。

私たちは普段、番組制作の現場において、斬新な切り口で、ポイントを絞り込んで伝えることを意識させられる場面が多いのですが、今回ばかりは「一点集中」というわけにはいきませんでした。約37兆個と試算された細胞からなるヒトの体を、100年もの長きにわたって保ち続けることが、いかに複雑なメカニズムのうえに成り立っているのか。生命の奥深さを改めて思い知ることとなりました。

取材を通して多くのセンテナリアンと出会い、会話を重ねる中で、もうひとつ、私たちが学んだことがあります。人生100年時代を心身健やかに生き抜くためのヒントになるかもしれませんので、最後にお伝えしたいと思います。

「人生の中で大切にしてきた考えや、生きる指針はありますか」

インタビューで必ず尋ねることにしていたこの質問に対して、あるセンテナリアンがこう答えました。

「自分が自分のボスであること」

言い換えれば、自分のことは自分で決める、というごく単純なことなのですが、この言葉が妙に私の心を打ったのです。

思えば、取材したセンテナリアンの多くが、自営業など自分の裁量や判断で仕事をしてきた人たちでした。また、会社組織の中で働いてきた人であっても、同様の意識で働いていたことに気づきました。

日が暮れたら仕事はしない。そう決めているサルデーニャ島の羊飼い。

週に1度は徹夜をして執筆作業に没頭していた、医師の日野原重明先生。休むにせよ、ハードワークするにせよ、健康長寿のセンテナリアンたちは、自らの意思でそれを実践していたのです。

こうした考えは、仕事に限らず、食事や運動、余暇のすごし方、実生活のあらゆる場面においても貫かれていました。周囲の人や、見聞きする情報に流されすぎず、自分で判断することが身についているように感じました。

ひるがえって自分自身はどうか。私ではない「誰か」や「何か」に追われ、決して能動的とは言えない自分の姿が次々に頭に浮かんできました。

「○○は体によい」「××しすぎたら死ぬ」……そんな情報をみるにつけ、「〜しなければならない」と義務感に駆られながらやっていることがいくつもありました。

同じことをするのでも、そこに自分なりのやりがいや楽しみをみいだすことができるかどうか。それができるかどうかで、心身にもたらす結果は変わってくるように思います。

そしてこうした心構えは、「生きる」こと、そのものにもかかわってくるのではないでしょうか。「100歳まで生きる」こと自体を目標にしてきたというセンテナリアンは、今回お会いした中でひとりもいませんでした。大好きな仕事を続けたい、趣味をもっと極めたい、家族でいつまでも楽しくすごしたい、社会の役に立ち続けたい、世界がどう変わっていくのかこの目で見届けたい……。

「何のために生きるのか」、希望や生きがいを持ちながら日々を重ねてきたその結果として100歳に到達した、という人たちでした。経済的に裕福であるかどうか、社会的地位が高いかどうかにかかわらず、です。

社会の情勢が目まぐるしく変わる中、組織の論理が優先されるあまり、自分で意思決定するのが難しくなっている世の中です。インターネットやメディアにあふれる情報に翻弄され、あれこれ試してみるものの、何が本当に自分に合っているのか、日々の暮らしを実りあるものにできるのか、わかりにくくなっている状況もあるでしょう。

そういう時代に生きる私たちにとって、センテナリアンたちが貫いてきた指針は、羅針盤のような役割を果たしてくれているのではないか、そう思うのです。

「自分が自分のボスであり続けられているか」「そこに自分の意思はあるのか」、心に留めながら、自分らしく生き生きと年を重ねていきたいものです。

しかしながら、現代の日本では、超高齢社会の行き着く先について、とかく悲観論が先走りがちで、そうした社会的背景が「長生きしてもきっとよいことなんてない」という風潮を強める要因となっているように思います。現実に、高齢者人口の増加に伴って膨らみ続ける社会保障費の問題など、社会全体で考えていかなければならない課題が山積しています。私自身、報道の現場に身を置いてきた立場として、そうした社会問題について報じる機会のほうがはるかに多かったのも事実です。

しかし、その一方で、この世に生を受けた人が〝ほぼ確実〟に、80歳、90歳まで生き、100歳まで到達することも決して夢ではない、そんな時代を生きられることほど、幸せなものはないのではないか、日々さまざまな報道に携わる中で、そんな思いを抱くようになりました。そして、健康長寿社会の実現こそが、日本のピンチを救う最善の方法でもあるのではないか、とも。

今回の書籍化にあたっては、番組でお伝えしきれなかった内容を大幅に加え、放送後に新たに発表された研究成果を盛り込むかたちで再構成しました。番組の取材に続いて多大なご協力をいただいた、センテナリアンとそのご家族のみなさま、センテナリアン研究に携わる研究者の方々に心より感謝申し上げます。

そして、講談社の呉清美さんには、前作『老衰死　大切な身内の穏やかな最期のために』に続いてたいへんお世話になりました。テレビ番組を書籍にすることにいまだに不慣れな私たちとともに、刊行の目的を共有し、完成までねばり強く併走してくださいました。

「あと5年もすれば、センテナリアン研究の世界はがらりと変わる」、ある研究者が私にこう告げました。その言葉どおり、今も世界各地から次々に興味深い研究結果が報じられています。着実に解き明かされつつある健康長寿の秘訣、それを伝える次なる機会を求めて、今後も取材を続けていきたいと思います。

執筆者プロフィール

《はじめに》

松本卓臣（まつもと・たくおみ）

1972年生まれ。早稲田大学法学部卒業。96年NHK入局。長野放送局、福岡放送局、報道局社会番組部、首都圏放送センターでクローズアップ現代や特報首都圏などを制作。現在報道番組センター社会番組部。NHKスペシャル「解かれた封印 ～米軍カメラマンが見た NAGASAKI ～」(2008年放送・放送文化基金賞本賞、ヒューゴ・テレビ賞ドキュメンタリー部門金賞)、NHKスペシャル「〝清算〟の行方 ～諫早湾干拓事業の軌跡～」(11年・放送文化基金賞テレビドキュメンタリー番組賞)、NHK スペシャル「〝認知症800万人〟時代 行方不明者１万人 ～知られざる徘徊の実態～」(14年・菊池寛賞)などを担当。

《プロローグ》《第１章》《第２章》《第３章》《第４章》《エピローグ》

小笠原卓哉（おがさわら・たくや）

1979年生まれ。一橋大学社会学部卒業。2003年NHK入局。神戸放送局、スポーツ報道番組センター、仙台放送局、報道局社会番組部などを経て、現在大型企画開発センター。これまで制作したおもなNHKスペシャルは、阪神・淡路大震災10年「焼け跡のまちは、いま ～鷹取商店街 再生の記録～」(05年)、「スクープドキュメント〝核〟を求めた日本 ～被爆国の知られざる真実～」(10年)、「巨大津波 知られざる脅威」(11年)、「3.11 あの日から２年 わが子へ ～大川小学校 遺族たちの2年～」(13年)、「老衰死　穏やかな最期を迎えるには」(15年) など。

《第２章 中国パート》《第５章》《第６章》

佐野広記（さの・ひろき）

1980年生まれ。京都大学大学院理学研究科修了。2006年NHK入局。大分放送局、報道局社会番組部を経て、現在大型企画開発センター。これまで制作したおもなNHKスペシャルは、「果てなき苦闘 巨大津波 医師たちの記録」(11年放送・「地方の時代」映像祭グランプリ)、「シリーズ巨大津波」(11年・橋田賞二十周年特別顕彰)、「シリーズ東日本大震災 亡き人との〝再会〟～被災地 三度目の夏に～」(13年)、「NEXT WORLD 私たちの未来 第2回 寿命はどこまで延びるのか」(15年)、「AIに聞いてみた どうすんのよ!? ニッポン」(17年) など。

NHK スペシャル
「あなたもなれる〝健康長寿〟徹底解明100歳の世界」
制作スタッフ

語り：中條誠子
音楽：得田真裕
声の出演：目黒光祐
　　　　　うすいたかやす
　　　　　玉川砂記子
撮影：森下晶　松川敬　黒川毅
照明：川崎弘至　生形清　池田学
音声：森嶋隆　佐藤篤　阿部晃郎
技術：田村康
美術：大塚浩一
映像技術：安田裕
映像デザイン：加藤隆弘
CG制作：橋本麻江
音響効果：小野さおり
編集：髙橋寛二　飯塚香織
コーディネーター：黒川 育子　ヒロ・コー　堀 愉実子
ディレクター：小笠原卓哉　佐野広記
制作統括：松本卓臣

百寿者《ひゃくじゅしゃ》の健康《けんこう》の秘密《ひみつ》がわかった
人生《じんせい》100年《ねん》の習慣《しゅうかん》

2018年1月30日　第1刷発行

著　者：　NHKスペシャル取材班《しゅざいはん》

発行者：　鈴木 哲

発行所：　株式会社 講談社
東京都文京区音羽2−12−21　郵便番号 112-8001
電話（編集）03-5395-3522
（販売）03-5395-4415
（業務）03-5395-3615

ブックデザイン：　守先正

印刷所：　慶昌堂印刷株式会社

本文図版：　朝日メディアインターナショナル株式会社

製本所：　株式会社国宝社

ISBN978-4-06-220921-2　N.D.C.369 19㎝ 190p